Ariel G Batista Osorio

Libro de Oro

Ariel G Batista Osorio

Libro de Oro

Reflexiones Tomo I

JustFiction Edition

Imprint

Cover image: www.ingimage.com

Publisher:
JustFiction! Edition
is a trademark of
International Book Market Service Ltd., member of OmniScriptum Publishing Group
17 Meldrum Street, Beau Bassin 71504, Mauritius

Printed at: see last page
ISBN: 978-620-0-48997-5

Agradecimientos:

Nuestro agradecimiento a los queridos hermanos en la fe Dr. Rolando Mora González y Lic. Mariela Aballe (Bautistas - Cuba – EU); por apoyarnos en la oportunidad de trabajar más para el Señor en esta hermosa tarea.
De igual manera a: Lic. Flor Teresa Rodríguez Peña (Católica - Cuba), Lic. Damaris Marrero Pupo (Metodista - Cuba), hmna Myrna Celeste Gutiérrez Osorio (Los Amigos - Cuba), Lic. Juanita Mora Cabrera (Católica - Cuba), Dra. Migleida Carolina (Católica - Venezuela), Téc. Serguei Batista Rodríguez (Nazareno - Cuba), Lic. Annalié Rodríguez Ricardo (Pentecostal, Asamblea de Dios - Cuba). Ps. Yerandi Ricardo Reyes (Los Amigos - Cuba). Alma Torres Gómez de Cádiz, de la Orden Monástica, la Self Realization Felowship, y el Lic. Justo A. Pérez Betancourt (Del Convivio Cubano en Holguín).
A La Iglesia de Los Amigos (Cuáqueros) de Vista Alegre. Holguín. Cuba, por su auspicio.
Daniel Warne, de La Emisora Radial Cristiana “El Faro de Redención”.
Luis Ángel Morales Peña, representante de los jóvenes en el Movimiento CruCuba.
Colaboradores en la difusión de la Reflexión y la Palabra.
Gracias a Dios por todos ellos!

A la familia de Dios

Introducción

Cuan importante es para el pueblo de Dios intercambiar en momentos oportunos sobre la palabra y sabiduría del Señor; el pasado mes de junio tuve la agradable sorpresa de poder conversar un tiempo con un matrimonio cristiano, grandes amigos, hermanos en Cristo de la amada Iglesia Bautista Ebenezer radicada en Miami, EE.UU. El Dr. Rolando Mora González, y su esposa la Lic. Mariela Aballe. Desde hace mucho tiempo ellos han desarrollado un ministerio evangélico mediante su correo electrónico enviando a más de cien personas la Palabra escrita de nuestro buen Dios, priorizando aquellos que padecen de una enfermedad, y los necesitados por cualquier causa, también orando por todos y haciendo llegar ayudas a varias personas, especialmente los de la familia de Dios. Vino a colación la posibilidad de con mi email redoblar ese grandioso y bendecido ministerio, con lo cual estuve totalmente de acuerdo, incorporándome a la diseminación de la Palabra que recibo, acompañándole una reflexión que elaboro basada en dichas citas, las cuales aparecen en cada texto, y también expongo en la iglesia, algo realmente edificante, siento un gozo extraordinario día a día cuando realizo esta misión. Esta misión nos llevó a fundar **"La Pastoral de acompañamiento espiritual"**, grupo Interdenominacional, auspiciado por La Iglesia de Los Amigos (Cuáqueros) de Vista Alegre de Holguín, no por ser mi iglesia donde también sirvo al Señor, sino por la sensibilidad de La Comisión Pastoral que diera su aprobación con el objetivo de hacer llegar la Palabra de Dios a enfermos, y necesitados de ella, mediante nuestras reflexiones. Nuestro interés radica en que todas y cada una de las personas que reciban la misma aumenten su fe, encuentren refugio en nuestro Señor Jesucristo, y puedan recibir la unción del Altísimo. Asimismo, aparejado a esa labor, he confeccionado este libro que textualmente contiene las reflexiones enviadas, y que he titulado **"Libro de Oro"**, el cual, una vez concluido este primer tomo, esté a disposición de todo el que lo desee.

Ariel G.

REFLEXIONES – Tomo I - II semestre. Año 2019.

Mateo 6.25 Julio 3

Hoy se vive bajo el estrés de la necesidad material para la vida, hay muchas cosas que quisiéramos tener, y sin duda, nos ayuda a humanizar el trabajo doméstico y en el centro laboral, pero por razones obvias, no están a nuestro alcance. Qué hacer? Algunos sufren la falta de un recurso material, y, en oportunidades tal es el sufrimiento que llegan a padecer una cardiopatía por dicha causa. Pero no son todos los que aplican la fórmula más eficiente a nuestro alcance: "ya no vivo yo, vive Cristo en mi", parece muy simple, pero, si le hemos abierto las puertas de nuestras vidas al Señor, y cuando estamos frente a cualquier situación, nos preguntamos: "qué haría Jesús en estas circunstancias", cuál sería el fortalecimiento espiritual que recibimos; podrá la ansiedad apoderarse de nosotros teniendo un escudo tan poderoso. Mi hija querida que nunca se separó de mí, enfermó de muerte, le pedí a Dios cambiara su vida por la mía, no pudo ser, entonces, pedí misericordia para ella, su hija, se fue a sus brazos en paz, sin sufrimiento alguno, cerré sus ojos, la besé en la frente, y di gracias al Señor. Hoy, siento enormemente su ausencia, pero sé, que un día volveré a estar con ella. Amén.

Gálatas 5.13 Julio 4

Dios nos creó libres. Libres para obrar conforme a sus enseñanzas y voluntad. Libres de la esclavitud de la ley, por cuanto vivimos bajo la dispensación de la gracia; la gracia que Jesús nos dejó mediante su sacrificio en la Cruz del Calvario, pero, no para quebrantar la ley. Libres, santos, en busca cada día de la perfección en Cristo. La mayor manera de darlo a conocer es a través de nuestro propio testimonio de fe, amor, y comportamiento ante el mundo, "... para que todo aquel que en Él cree, no se pierda, mas, tenga vida eterna", nuestra gran responsabilidad. Amén.

Salmo 51.10 Julio 5

Un corazón limpio, un corazón nuevo Señor, cuando yo sea capaz de hacer una abertura en el que de piedra hoy tengo, para que por ella penetres y te sientes a mi mesa conmigo, y cenaremos juntos, lo sé, porque es tu promesa, es entonces cuando podrá renacer un espíritu recto que entrelazado a tu Espíritu Santo produzca los frutos, que tú Señor, de mi esperas. Amén.

1Pedro 3.12 Julio 6

Hemos sido llamados para soportar las injusticias y hacer bien aunque recibamos mal; así heredaremos bendición. Dios bendice a todo el que hace el bien, y se opone a los malos. No sólo debemos buscar y proclamar la paz, sino seguirla. Los ojos del Señor están posados sobre nosotros, sus oídos atentos a nuestras oraciones. En el mundo debemos afrontar muchas dificultades, si amamos al Señor y andamos en su voluntad, se revertirá en nuestro beneficio. Amén.

Proverbios 4.23 Julio 7

Para el mundo, el corazón solo es apreciado como un músculo (el miocardio) encargado de bombear la sangre a todo el cuerpo; sin embargo, bíblicamente, el corazón constituye el centro de las emociones, en él nuestro Dios ha puesto la mayor sensibilidad humana, y en él interiorizamos nuestra relación con el Señor, y nuestro comportamiento para con la humanidad a través del testimonio personal que obedece a la palabra de vida que hemos guardado de nuestro Señor Jesucristo para vida eterna. Amén.

Romanos 8.26 Julio 8

El Espíritu Santo nos ayuda a orar, a ponernos en contacto con Dios. El vive en cada uno de sus hijos, e intercede por nosotros con gemidos indecibles, siempre conforme a la voluntad de Dios. Muchas veces suceden hechos en nuestras vidas que no comprendemos, todo fluye, es obra del Espíritu Santo. El Señor escudriña nuestros corazones y conoce cuál es la intención de Espíritu Santo, es por ello de mucha importancia adorar a Dios en espíritu y en verdad, con toda la fuerza de nuestro espíritu, porque tales adoradores el Señor desea que lo adoren (Juan 4.23). Amén.

Hebreos 12.11 Julio 9

Podemos responder a la disciplina del Señor de dos formas: 1) Obviarla; disgustarnos con Èl. 2) Aceptarla y permitirle tome el control de nuestras vidas. Esta segunda opción traería como resultado un aumento de nuestra santidad, y una paz que sobrepasa todo entendimiento. Meditemos y actuemos de la manera que Dios quiere para beneficio nuestro, y madurez espiritual; así como la obtención de la sabiduría que solo podemos recibir de lo alto. Amén.

Lucas 6.36 Julio 10

Si hemos considerado a Dios como nuestro Padre, es nuestro deber seguirle en todos los sentidos de la vida. No podemos vivir como antes de conocerle; debemos ser un faro en medio de la oscuridad practicando la misericordia en todo momento. Como Èl ha adoptado a los que siguen a Jesucristo como hijos suyos, debemos cada día ser más perfectos por medio de su sacrificio en la Cruz para rescatarnos, pues, estábamos perdidos. Mediante su Espíritu Santo podemos lograrlo. Dijo San Pablo en Filipenses 4.13: “todo lo puedo en Cristo que me fortalece”. Busquemos en nuestro peregrinar por la vida imitar a Jesús, porque la hora, un día ha de llegar en que podamos o no alcanzar la perfección definitiva, cuando estemos frente a Èl. Amén.

Proverbios 17.17 Julio 11

Lograr una amistad es una gracia, conservarla es de sabio, porque un amigo fiel es una virtud. Ser un amigo constituye un honor, por eso Jesús dijo: “vosotros sois mis amigos si hacéis lo que yo os mando”, posteriormente argumentó: “ya no os llamaré siervos, porque el siervo no sabe lo que hace su señor; pero os he llamado amigos”, porque todas las cosas que oí de mi Padre os la he dado a conocer. Qué importante! Hacer una relación de amistad con Jesucristo el único y verdadero Dios (1Juan 5.20), a quien le ha sido confiado determinar sobre nuestra vida en el día postrero. Un amigo verdadero no falla, es capaz de dar su vida por la de su amigo; así hizo Èl en la Cruz del Calvario para que tuviéramos esa bella y perfecta oportunidad. Os he llamado amigos! Amén.

Éxodo 20.16 Julio 12

En cierta ocasión, en las cuales conversamos y testimoniamos sobre nuestro Señor Jesucristo, me encontré con una señora amiga, ella me refiere que conoce la existencia de Dios, pero, no tiene la certeza de la resurrección, testifica sobre Èl, mas, se encuentra sumergida en la incertidumbre no obstante saber lo dicho por Jesús: "Y todo aquel que vive y cree en mi no morirá eternamente. Crees esto? (Juan 11.26). Si en Éxodo 20.16, Dios dice: "No hablarás contra tu prójimo falso testimonio", lo cual, constituye una punibilidad, cuanto más si decimos, como lo he oído, después de la muerte ya no queda nada, no hay nada. Después que uno muere se acabó todo. Acaso ello no es un falso testimonio contra la verdad proclamada por Jesús? Quién así se manifiesta no está falseando lo aseverado en la Palabra de Dios, lo que dijo su Hijo, y haciendo daño al prójimo que ha creído sobre lo testificado por muchos hombres y mujeres de fe, incluso en lo que hoy predicamos quienes vivimos bajo la certidumbre de que estamos justificados, pues, Dios no miente. Invocar a nuestro A Señor Jesucristo conlleva una gran responsabilidad, y comienza no en creer que existe, sino en creerle sin dudar. Si los que duermen en el Señor no resucitan, y nosotros si lo creemos, somos hallados falsos testigos de Cristo (1Co 15.15) Amén.

Hebreos 12.14 Julio 13

No podemos vivir en paz totalmente porque hay cosas opuestas a las enseñanzas de Jesús que nos laceran y no las permitimos, aunque nosotros, debemos buscar la paz para con todos, creyentes en Jesucristo y no creyentes; así como es nuestra responsabilidad con la asistencia del espíritu Santo aumentar nuestra santidad, ser cada día más santos en su voluntad divina, alcanzando nuevas dimensiones en el espíritu, cultivando el fruto del Espíritu Santo (Gálatas 5.22) "Sed santos, porque yo soy santo" (Levíticos 11.45), dice el Señor. Sin santidad nadie podrá ver a Dios. Amén.

Gálatas 5.1 Julio 14

A qué libertad se refiere el texto, a la de no estar sometido a una Formación Económico Social decadente y sanguinaria, de ninguna manera, si no a que Él nos liberó de la maldición de ser sentenciados a una muerte eterna (separados de Dios, porque el alma no muere). Al sufrir y morir por nosotros en la Cruz, nos liberó de esa esclavitud, sólo tenemos que estar firmes, asidos de su mano, cumpliendo sus enseñanzas; Él prometió estar con nosotros "todos los días hasta el fin del mundo" (Mt 28.20). Amén.

Salmo 119.11 Julio 15

La palabra de Dios debe ser glorificada para ser librados de perversidades, cómo hacerlo? pues, por medio de la fe. El Señor es fiel y nos afirmará cuando guardamos sus dichos. Hacer lo que nos ha mandado constituye un baluarte. El amor de Dios y la paciencia de Cristo, sean nuestro baluarte. Amén.

Efesios 5.1, 2 Julio 16

Como Dios ha obrado para con nosotros, es necesario nosotros también obremos con el prójimo; amar como Cristo nos ama, primero por su sacrificio, después, porque siempre está a nuestro lado, en todo momento, buenos y malos, Así de igual forma debemos ser ofrenda viva a nuestro Señor, pues, somos su "especial tesoro". Amén.

Miqueas 6.8 Julio 17

Hoy, todavía muchas personas, cristianas, entienden buscar y mantener una relación con Dios mediante obras y sacrificios. Él, solo pide hacer justicia, andar en sus caminos cumpliendo sus estatutos; amar misericordia, porque sin ella nunca podremos buscar la perfección en el peregrinar por la vida, y ponerle a Él ante todo, nada puede sustituirlo, ninguno de nosotros podemos compararnos con Él; dándole gracias por todo lo que acontece en nuestro andar diario, porque Él sabe lo que nos conviene y corresponde. Amén.

Jeremías 15.13 Julio 18

Cuan grande manifestación de amor, que uno ponga su vida por otro. Así Jesús nos amó. Qué difícil, verdad? Sin embargo, Él nos amó de tal manera que entregó su vida por ti y por mí. Por ello nuestro amor debe ser una entrega total, quien ame demasiado su propia vida no está aún en condiciones de amar a Cristo y al prójimo. Meditemos sobre este aspecto, y tomemos una decisión, sólo Dios escudriña nuestros corazones. Amén.

Jeremías 31.33 Julio 19

Dice Dios: "Pondré mi ley en su mente y la escribiré en su corazón; yo seré su Dios y ellos mi pueblo" (Jeremías 31.33). En pocas palabras el Señor nos dice mucho, solo tenemos que interpretarlas – su ley en nuestra mente – para que siempre la tengamos a mano y la recordemos, pero además escrita en nuestro corazón para que real y profundamente la sintamos, precisamente en el centro de nuestras emociones; así Él será el Dios que nos sustente con su diestra, y nosotros su gran familias, sólo de hijos, sin otro parentesco, pues, Él es Padre de Amor por encima de todo. Pero cumplir su ley implica: 1) amarle con todas nuestras fuerzas, 2) amar al prójimo como a nosotros mismos, no importa quien sea el prójimo, también es criatura de Dios, y Él nos manda que nos amemos sin reserva alguna. Quien no ama, jamás podrá llegar a Dios. Amén.

Proverbios 16.18 Julio 20

Cuando el orgullo, la presunción, y el amor propio desmedido, se ha apoderado de la persona es necesario el quebrantamiento, pues, el espíritu altivo, no razona las enseñanzas del Señor, las aparta, se convierte en detractor de las mismas, endiosándose en numerosos casos. Practicar el amor en humildad, es camino recto hacia los atrios de Dios. Nadie soberbio y altivo obtendrá la dádiva por gracia, de la

Salvación. Nadie que guarda en su corazón el egoísmo, y vive pendiente de la vieja naturaleza como herencia, sin buscar el perfeccionamiento, hallará a Dios. Amén.

Salmo 46.1 **Julio 21**

A quién iremos Señor, si no a Ti? dijo el apóstol Pedro muy sabiamente. En cualquier circunstancia, Dios es nuestro mejor amparo, quien únicamente puede cubrir del todo nuestras necesidades, quien nos hace tan fuertes que nada nos moverá. Hoy visité una persona muy querida que enfermó, me dijo: las gentes dicen que no sé la enfermedad que tengo, porque no lo aparento en mi estado de ánimo, no comprenden que tengo a Dios a mi lado, **"que ya no vivo yo, vive Cristo en mi"**, mi fortaleza, mi pronto auxilio en las tribulaciones, el verdadero y mayor refugio. Amén.

2 Timoteo 1.7 **Julio 22**

El apóstol Pablo recordaba a su discípulo Timoteo que su timidez era suplantada por Dios a través de su Espíritu Santo, y tendría un espíritu de poder, amor, y dominio propio, tres atributos que debe formar parte de todo cristiano, mayormente de los líderes para poder ser guía a los que le rodean. Varias veces Dios le dice a Josué – sucesor de moisés -, esfuérzate y sé valiente; solamente esfuérzate y sé muy valiente, no te apartes de la ley (de Dios) ni a la derecha ni a la izquierda, para que seas prosperados en toda cosa que emprendas. **"Mira que te mando que te esfuerces y seas valiente; no temas ni desmayes, porque Jehová tu Dios estará contigo dondequiera que vayas" (Josué 1.9).** Amén.

Isaías 54.17 **Julio 23**

Qué, pues, diremos a esto? Si Dios es por nosotros, quién contra nosotros? (Romanos 8.31). Es difícil comprender que Dios actúa por caminos misteriosos, muchas veces inaceptable, sin embargo, Él es el único que conoce todos nuestros pensamientos, y lo que guarda nuestro corazón, y hasta lo que somos o no capaces de hacer en un momento determinado, por tanto, su gracia es suficiente, del modo que estime dárnosla. Ayer me escribió una querida amiga diciéndome: "no quiero estar sujeta a la carne ni a la sangre, si no al espíritu..." He ahí la clave, si nuestro espíritu se entrelaza al Espíritu Santo, ya no somos un ser carnal, sino espiritual, dignos de ser hijos de Dios, de tener su herencia, su bendición, su amistad, su poder para vivir en libertad, reconociendo el sacrificio de su Hijo por ti y por mi, la maravilla de la comunión con Él, y vivir entonces en otra dimensión. Habrá algo que prospere contra nuestra vida? El hombre puede mutilarnos, utilizar la perversidad que entienda, mas, nunca actuar contra nuestra vida entregada a Cristo, que es imperecedera. Cuídese el que actúa contra uno de sus hijos, sin justa causa! Amén.

Marcos 11.24 **Julio 24**

Orar es comunicarse con Dios, un acto de confianza para con nuestro Padre. Pero, no es orar por orar, mucho menos pedir sin haber un respaldo, para ello hay que guardar ciertas condiciones: 1) orar con fe, 2) hacerlo de acuerdo a su voluntad (de Dios), 3) el nombre de Jesús (único y verdadero Dios; 1Juan 5.20), 4) estar en Cristo, cumpliendo sus enseñanzas, en su amor, bajo su autoridad, su Espíritu Santo con nosotros, pues, el gime con gemidos indecibles por cada cual. Orar no es una ecuación matemática que mediante una fórmula nos da un resultado, es un acto de entrega total, bajo la unción del Señor. La oración hecha con fe siempre será escuchada por Dios, su respuesta es la que Él, omnisapiente, considera debemos recibir, aceptarlo como tal es una muestra de madurez espiritual. Amén.

Salmo 55.22 **Julio 25**

Jesús dijo: "yo soy el buen pastor, el buen pastor su vida da por las ovejas (Juan 10.11)." El Señor no nos desampara, y no solo eso, sino nos busca. Él conoce a los suyos, los protege y escucha cuando están angustiados. Fiel es Él. Prometió hacer descansar a los trabajados y cargados. Quita la carga que el pecado produce cuando hay arrepentimiento, y otorga una paz espiritual jamás experimentada. El alma descansa (Mateo 11.28).

El descanso que Jesús ofrece está lleno de gozo, amor, de hermandad. Se siente la presencia de Dios. Él nunca dejará al justo desprotegido, sino lo sostendrá con su diestra, si cayere lo levantará. Amén.

Santiago 4.3 **Julio 26** - **Día de Los Abuelos** -

Hay quienes dicen: Dios no escucha mis oraciones, sin considerar que su petición no fue hecha correctamente, quizá de una manera egoísta. No debemos pedir, sino por amor a Dios y a nuestro prójimo, además, siempre pedir diciendo: **"conforme a tu voluntad"** (Marcos 14.16). Él siempre nos escucha, pero tiene presente el ánimo con que nos dirigimos a Él. Si le hemos entregado nuestra vida, entonces por qué no dejar que sea Él quien la dirija. Dios nos concede lo que necesitamos y Él entiende debemos recibir. Nunca debemos olvidar que la tribulación, genera una prueba, y la prueba vencida, un afirmamiento de nuestra fe. Cuando Dios **"manda a hacer"**, siempre hay tormenta, para vencerla debemos mirar sólo a Él, confiar en su poder; así serán nuestras peticiones. Amén.

Habacuc 2.14 **Julio 27**

Dijo el Señor: "no harán mal, ni dañarán mi santo monte" (Isaías 11.9). La tierra será llena del conocimiento de Jehová. En su santa voluntad, Dios ha querido que le conozcamos, envió a su Hijo, quien afirmó: "yo soy el camino, la verdad, y la vida... "(Juan 14.6), y en (Mateo 17.5) Dios indicó que Jesús es su hijo amado en quien tiene complacencia, **a Él oíd".** Si buscamos sus enseñanzas y la retenemos, tendremos el conocimiento de Dios Padre. A Jesús debemos oír mediante su palabra. Amén.

Miqueas 7,18 **Julio 28**

Podemos estar seguros que nuestro buen Dios ha de recoger, de reunir, el resto de su pueblo, de sus hijos, los que fielmente no se aparten ni a un lado, ni al otro del camino que lleva a la eternidad. Él entregó a su Hijo amado para que vaya guiando al frente y una vez abierta la brecha en la senda entraremos por la puerta, y nos deleitaremos junto a Él en su reino, es su promesa (Miqueas 2. 12,13). Recordemos

sus palabras: "Y yo estaré con ustedes todos los días, hasta el fin del mundo (Mateo 28.20)".
"JESÚS, YO CONFÍO EN TI", Amén.

1 Juan 1.9 Julio 29

Qué importante! Todos somos pecadores, todos sin excepción; necesitamos el perdón de Dios. Mas, el arrepentimiento nos lleva a ser partícipes del sacrificio hecho por el Cordero de Dios, Jesucristo, su Hijo amado, quien derramó su sangre en la Cruz para limpiar nuestros feos expedientes pecaminosos, quemarlos, y darnos la oportunidad de formar uno nuevo, sólo tenemos que **"arrepentirnos"**, y vivir conforme a sus mandamientos y enseñanzas. Amén.

Isaías 12.2 Julio 30

En su cántico Moisés se dirigió a los hijos de Israel, y éstos a Jehová. Les dijo: Jehová es mi fortaleza y mi cántico, mi salvación. Es mi Dios y yo lo alabaré. Así, como Moisés lo aseveró, Dios es nuestra salvación, es nuestra única seguridad, no hay otra, por tanto, no debemos temer a lo que el hombre pueda hacer, el hombre es como la yerba, nace y se seca irremisiblemente, nadie puede tener la fortaleza de nuestro Dios; esfuérzate, sé valiente, sólo sigue a Él en todas sus enseñanzas, cumplamos sus estatutos.
Pedro, dijo a Jesús: "Señor, a quién iremos si no a ti". Amén.

1Samuel 2.2 Agosto 1º

En qué consiste la grandeza, sino en el poder de embridar pasiones y ser justos. Cuando el ángel Gabriel visitó a María anunciándole había sido escogida para traer al Hijo de Dios al mundo, cuál fue su respuesta: "Engrandece mi alma al Señor. Y mi espíritu se regocija en Dios mi Salvador" (Lucas 1.46, 47).
Es muy fácil en nuestros días leer y hablar sobre el sacrificio de Jesús y la decisión de un Padre que su amor sobre pasa todo entendimiento, pero que difícil es vivir un acontecimiento parecido, digo parecido, porque igual no hay otro. Entregar un hijo, lo más preciado, para que sufra y muera indignamente por quienes no lo merecemos para que podamos tener la oportunidad de ser salvos. Cuántos hechos de sangre han ocurrido entre los seres humanos sin ser capaces de perdonar! Mas, Cristo perdonó a sus victimarios. Cuántos hay que dicen: "perdono, pero no olvido".. Si Dios no olvidara nuestra vieja y pecaminosa naturaleza, el pecado que arrastramos, el presente donde muchas veces no embridamos las pasiones, y la espiritualidad cae al piso, qué hubiera sido de la humanidad. Ayer hablé con una vecina sobre este tema, ella me dijo: si no fuera por la misericordia de Dios en la situación que atravesamos no podríamos vivir. En el estudio que impartí anoche a los hombres y algunas mujeres invitadas de la iglesia, les recordé la vida de los héroes de la fe, en el amor de Dios por los seres humanos, permitiéndonos ser parte de su pueblo. Nadie es Santo como Él. Sí, nosotros día a día debemos buscar la santidad, vivir en otra dimensión, para poder llegar a Él definitivamente cuando nos toque partir. Amén.

Filipenses 4.9 **Agosto 2**

Quienes se acercan a Dios, moran bajo su sombra, de Él únicamente es el poder y la gloria, nosotros solo somos sus instrumentos dirigidos por el Espíritu Santo. Aunque considerada la mayor obra literaria del mundo por muchos, la Biblia nos das a conocer la Palabra de Dios que hoy necesitamos, nos interpela, y fundamentalmente nos dice quienes somos, de dónde venimos, y más importante aún: a donde vamos al final de nuestras vidas. Su enseñanza es totalmente verdadera, pero no debe dejarse en el intelecto, sino ponerla en práctica, **"debemos no solamente ser oidores, sino hacedores de esa verdad"**; así la **"paz de Dios, y el Dios de paz"**, estará siempre con nosotros. Amén.

Proverbios 19.21 **Agosto 3**

El hombre planea sus cosas muchas veces sin contar con la voluntad de Dios que definitivamente es quien decide lo que debemos hacer cuando nos hemos entregado a Él, quien lo obvia su camino es torcido. Nuestro corazón no es el simple órgano humano llamado miocardio, es el centro de las emociones bíblicamente, cuando abrimos sus puertas al Señor, todo cambia emocional y espiritualmente, pues, el espíritu se regocija, se entrelaza al Espíritu Santo, y actúa bajo su dirección. Todo resultado en nuestra vida depende de Dios. Cuando eliminamos la hojarasca que cubre el alma, la mano de Dios posa sobre nosotros, recibimos su sabiduría. El conocimiento se adquiere humanamente, la sabiduría es dada de lo Alto, entonces desechamos toda inmundicia, odio, rencor, miserias humanas, y somos abrigados por el amor ágape, reconociendo que nuestro pensamiento está regido por Dios permanentemente. Conforme a él entonces actuamos y adoramos (Juan 4.23). A Él sea la gloria. Amén.

Números 6.24 - 26 **Agosto 4** **– Sobre la bendición sacerdotal**

A qué otra cosa podemos aspirar de mayor valor, sino a la bendición del Señor ¡Qué el Señor te bendiga, y te cuide! Cuando somos bendecidos hemos sido ungidos por el Dios de toda gracia y poder, moramos bajo su manto, nos tiene en cuenta en todo tiempo, su Espíritu Santo permanece en nosotros, nuestro peregrinar es con pasos firmes y seguros, atravesamos las tribulaciones, vencemos las pruebas, marchamos victoriosos asidos de su mano. Cuando su rostro resplandece sobre nosotros, "nos mira con agrado y amor", porque somos su "Especial Tesoro". Su inmensa e inquebrantable paz se hace notable en nuestras vidas. Invocar su nombre y confiar, es muestra de firme comunión con Él, "el Dios de todos los tiempos". Su misericordia sea sobre su pueblo, sobre todos los que le amamos. Amén.

Colosenses 3.23, 24 **Agosto 5**

Obedecemos al Señor, también a las autoridades terrenal que dirigen la sociedad. No debe haber contradicción alguna siempre que algo no se oponga a la disciplina de Dios; recordemos siempre que quienes dedican su vida al Señor son "ciudadanos celestiales". Nada podemos esconder ante su presencia, por ello, debemos actuar con corazones limpios, sabiendo que somos evaluados por Dios. La Biblia es un tratado sobre antropología desde el Génesis hasta el Apocalipsis, el modelo ideal para alcanzar "el verdadero hombre nuevo"; cuando las personas cambian su corazón para bien, la sociedad cambia. Dios no hace acepción de personas, mas, define entre todos quienes somos merecedores de estar a su lado, conforme al cumplimiento de sus estatutos. Por medio de su Hijo Jesucristo nos hizo a todos iguales, no hay diferencias, por tanto, la **"recompensa"** merecida será en correspondencia con nuestro andar, el bien, el mal, la justicia, y la injusticia, están siempre a la mano, de acuerdo a nuestro obrar recibiremos la **"herencia prometida"**, incorruptible, sin manchas. Amén.

Juan 14.21 Agosto 6

Siempre Jesús dijo que el que le ama y guarda sus palabras será amado por Él, y si por Él, también por su Padre. Porque Dios nos amó primero, le amamos a Él. Es sabido que mediante su amor el Espíritu Santo busca nuestro espíritu, se une a él, y se convierte en el guía de nuestro pensar y actuar en correspondencia con las enseñanzas del Señor. También nos reprende y nos amonesta cuando nos desviamos por cualquier causa del camino recto. Pero, qué importante! – me ha pasado - : cuantas veces su actuación es tan eficaz que nos alerta tan fuertemente cuando vamos a realizar un hecho que no es del agrado de Dios, y al recibir su reprimenda desistimos de hacerlo. Jesús se manifiesta en todo momento en los que le amamos, a través de su Espíritu Santo mora en nuestro corazón, por eso le seguimos amando no obstante los avatares de la vida, buscando cada día una dimensión más alta, más cerca de Él, orando sin cesar, **primero por los de la familia de Dios,** luego por nosotros. Amén.

Isaías 43.2 Agosto 7

Así dijo el Señor... Dijo el profeta: "Cuando pases por las aguas, yo estaré contigo; cuando cruces los ríos no te anegarán. Cuando pases por el fuego, no te quemarás, ni la llama arderá en ti".

Cuando buscamos en la Biblia la Palabra de Dios, buscamos el alimento espiritual, el que nutre nuestro interior, el que nos lleva por sendas de sabiduría dada por el Señor a través de su Espíritu Santo. No es aferrarnos de una manera literalista a lo que muchas veces aparece metafóricamente, es buscar el principio divino que le sustenta. Dios anunció a su pueblo protección, sostenimiento, abundancia, vida en Él fundamentalmente, independiente a que con su poder hiciera lo inimaginable. Siempre que le busquemos y andamos en sus caminos vamos a tenerle, y tenerle a Él, es tener la vida en todas sus manifestaciones, pues, aunque enfrentemos los momentos más difíciles finalmente seremos victoriosos a su lado para siempre. Tomada esa decisión nada nos podrá separar del amor de Cristo, nada debemos temer aunque transitemos en valles de sombra y de muerte, porque Él está ahí. Muchos de sus hijos podemos narrar serias experiencias de nuestro peregrinar, mas, el enemigo no ha podido derrumbarnos. Saben por qué? Hay una sola fórmula: **NUNCA NOS HEMOS SOLTADO DE SU MANO,** aún en el suelo desangrándonos, **CLAMAMOS A ÉL,** como Pedro cuando se hundía en las aguas (Mateo 14. 30, 31). Amén.

Mateo 5.44 Agosto 8

Amar a todos es lo que indica el Señor, sin distinción alguna de personas; sé que no es fácil amar al enemigo, al perverso, al mentiroso que causa problemas, sin embargo, Dios nos está diciendo que debemos ser santos, como Él lo es. Y no solo nos dice que no odiemos, ni sintamos rencor, nos dice que amemos. Para los seres humanos, imperfectos, es cumplir un mandato de extrema envergadura, verdad? Hay que llegar a vivir en el espíritu, despojarnos de los impulsos carnales, como siempre digo: vivir en otra dimensión. Pero el Señor nos está indicando vivamos en un grado sumo de humildad, a pesar de nuestra naturaleza pecaminosa. No queda otra opción; asidos de su mano buscar la perfección, cada día ser más humildes y piadosos, practicando la misericordia. "Padre, perdónalos, porque no saben lo que hacen", dijo Jesús en la Cruz cuando le crucificaban. Tenemos, indudablemente que hacer un esfuerzo para acercarnos a la puerta del Reino de Dios, pedirle nos guíe y ayude a alcanzar la meta. Solos no podemos. Amén.

Mateo 6.34 **Agosto 9**

Para qué afanarse por el día de mañana? Dios está pendiente de nuestra vida; Él conoce todo lo referente a ella, lo que tenemos, las necesidades, lo que esperamos, y lo que enfrentamos, (Filipenses 4.19) Hoy, es el día que el Señor nos ha regalado, mañana no sabemos. Cuando alguien me pregunta por mi situación, incluso por mi estado de salud, suelo responder: Dios tiene el control de mi vida. Esta mañana al levantarme planee algunas situaciones a resolver, siempre pidiendo al Señor su guía y compañía, cuando efectuaba el desayuno recibí una llamada telefónica de un hermano de la iglesia cuya esposa había fallecido en ese momento, todo quedó a un lado para cumplir con el deber de acompañar al hermano en sus cargas personal. Sólo Dios conoce qué, y como hemos de vivir el día. Para qué afanarse? Amén.

Mateo 8.10 **Agosto 10**

Vista hace fe, dicen los incrédulos, no son capaces de apreciar y reconocer el gran poder de Dios, por lo cual, no pueden admitir que Él es Omnipotente, Omnipresente, y Omnisapiente, entre otros muchos atributos.
En esta cita bíblica podemos ver como Jesús se maravilló ante la fe del centurión quien si tuvo absoluta conciencia de su poder divino, no obstante la distancia. Hoy continuamos presentando la misma situación, muchos, incluso hablan de creer en el Señor, pero, en cual Señor? En el de la historia, o en el de la divinidad? En el Cristo que muchos aceptan como alguien que revolucionó la sociedad de aquella época? O en el Hijo de Dios que ascendió a la Majestad al resucitar? Creemos en el que ofrendó su vida por nosotros y volvió a tomarla para ser el único y verdadero Dios (1Juan 5.20), el Dios vivo que prometió estar con nosotros hasta el fin del mundo (Mateo 28.20), que físicamente no está, pero envió el Paracleto, el Espíritu de Verdad (Espíritu Santo) para que en su Omnipresencia esté en todo lugar y momento con todos los que le hemos abierto el corazón, y poder proclamar a los cuatro vientos, como lo hizo el apóstol Pablo: "ya no vivo yo, vive Cristo en mi". Amén.

1 Corintio 6.19 **Agosto 11**

Es nuestro cuerpo del Espíritu Santo? Está dicho en la Santa Palabra de Dios. Si hemos creído y sometido a su Voluntad, entonces sabemos que nada de lo que poseemos es nuestro, sino del Señor, mas aún el cuerpo que Dios nos ha dado, donde también tenemos un espíritu entregado a Él, pues, independientemente de lo que poseemos gracias a Él, conscientemente lo hemos puesto a su disposición, por tanto, como hemos dicho, nuestro espíritu está entrelazado al Espíritu Santo, Él mora en nosotros, ha acampado en nuestro corazón, si lo ofendemos pecando contra su santa naturaleza, se marchará. Dios es amor, es bueno, es misericordioso, pero no puede morar donde mora el pecado, y el pecado de la fornicación es pecado de muerte, por cuanto, Dios instituyó el matrimonio como una institución sagrada, bendecida, con el objetivo de fructificar, multiplicarse, y henchir la tierra, cual ayuda perfecta entre el hombre y la mujer. Todo lo que hagamos en contra de ello, es pecar contra Dios. Amén.

1Corintio 6.19 Agosto 12

Amados hermanas y hermanos, por razones desconocidas La Pastoral, no recibió hoy la cita bíblica para unánimente realizar la reflexión sobre la misma, no obstante, la hmna Juanita Mora, de la Iglesia Católica San José de Holguín, colaboradora nuestra, nos hizo llegar su aporte basado en la cita del pasado día 11, el que publicamos.
Bendito sea el Señor!

En los Evangelios los demonios son llamados con frecuencia "espíritus inmundos", una y otra vez leemos que Jesús reprendió a espíritus inmundos.
De esto podemos ver que todos los pecados sexuales están en oposición al Espíritu Santo y le causan dolor.
Muchos miles y aun millones de cristianos ceden hoy, se conforman al espíritu de la edad, "haciendo lo que hacen todos los demás".
Hoy el Espíritu Santo tiene que ver como el espíritu inmundo controla a la gente cuando se permite tener relaciones sexuales antes y fuera del matrimonio, e incurren en toda clase de perversiones sexuales...
Sí, el espíritu inmundo está ganando terreno en todas partes hoy día. Y en muchos casos, los que se han vuelto atrás continúan moviéndose en círculos cristianos.
Abrirle el corazón a un espíritu inmundo y cerrarlo a las amonestaciones del Espíritu Santo, siempre conduce a la destrucción, al juicio, y a la muerte.
Cuán importante es hacer caso a la Palabra!
No endurezcáis vuestros corazones. Arrepentíos!
Hmna. Juanita Mora.

Mateo 28.19 Agosto 13 - Sobre la Gran Comisión

Si decidimos entregar nuestra vida a Jesucristo es porque estamos dispuestos a seguirle, amarle, y amarle sobre todo es cumplir con sus enseñanzas. De nada nos sirve vivir en el egoísmo de que sepan soy cristiano, seguidor de Cristo, y no compartirlo, debemos ser "cristoísta", especialmente tenemos el insoslayable deber de cumplir con la "Gran Comisión". Él dijo que "fuéramos por todo el mundo e hiciéramos discípulos". Qué es hacer un discípulo sino lograr que el prójimo le conozca, le siga, y le ame, como nosotros le amamos. Luego entonces, le instruyamos, bautizándolos en el nombre del Padre, del Hijo, y del Espíritu Santo, les "enseñemos", les eduquemos como el Señor quiere que seamos, cumplamos, y continuemos sembrando para poder recoger vida eterna. Cuando somos bautizados de esa manera, de todo corazón, entonces sabemos que: "somos de Dios, de Cristo", guiados por el Espíritu Santo, siéndoles testigos de su obra "hasta lo último de la tierra".

La gracia del señor Jesucristo, el amor de Dios, y la comunión del Espíritu Santo, sea con todos (2Co 13.14). Amén.

Proverbios 18.24 Agosto 14

En innumerables ocasiones confiamos en alguien calificándole de amigo o amiga, quienes dejan mucho que desear con relación a su amistad. Se dice en el argot popular que un amigo (a) es más que un hermano, el hermano es impuesto, y el amigo (a) escogido. Sin embargo, sabes escoger tus amistades? La cita bíblica nos dice que "hay amigos que son más que hermanos". Qué persigue Dios cuando nos unimos a su familia? Cuenta el escritor de la antigüedad Jerónimo que cuando el apóstol Juan se encontraba en su extrema ancianidad, los hermanos de la congregación lo llevaban a los cultos, un día, por el camino, comenzó a decir repetidamente: "ámense unos a los otros", alguien se molestó y le dijo: usted sólo sabe repetir lo mismo. Juan le respondió: sí, porque si sólo eso hicieran es suficiente. El amigo ama en todo momento; en tiempos de angustia es como un hermano (Proverbios 17.17). Sin no hay amor, no hay buena amistad, no hay familiaridad, no existe nada, todo es ficticio.
Jesús dio su vida por nosotros, por el desmedido amor que sintió por la humanidad. Los hermanos (as) en la fe, sin distinción alguna, tenemos que demostrar que somos verdaderos amigos, no impuestos, sino por amor. Amén.

Salmo 121.1 Agosto 15

Cuando tenemos problemas, estamos angustiados, enfermos, disgustados, confundidos, o sencillamente nos falta las fuerzas para continuar la senda colmada de espinas y piedras puntiagudas, alzamos la vista a cualquier montaña que nos rodea? Esperamos de ese acto nuestro una respuesta positiva? Jesús nos dijo: "Vengan a mi todos los que estén trabajados y cargados, y yo los haré descansar (Mateo 11.28)".
Sus palabras fueron categóricas, certeras, vengan sin temor, sin duda, "yo los haré descansar"". Nuestro espíritu tendrá el reposo que necesita, la paz que el mundo no puede dar, sólo Dios. Podemos tener la certeza que cuando recibimos al Señor en mansedumbre y corazones limpios en un acto de total confianza, como aparece en la cita bíblica, Él siempre está presto a acudir en ayuda de sus fieles. Su Espíritu Santo permanece a nuestro lado todos los días hasta el fin del mundo. Hoy alzamos nuestra vista, en este momento, rogando al Señor por todos ustedes, por los enfermos y necesitados, por los que sufren, por los que en nuestras reuniones congregados ponemos ante el Trono de la Gracia, muy especialmente por la sobrina de nuestra hmna Saralí, en muy mal estado, azotada por una fuerte y penosa enfermedad. A Dios sea la gloria! Amén.

2 Tesalonicenses 3.3 Agosto 16

El apóstol Pablo confiaba en que el Señor protegiera a los tesalonicenses del mal, de Satanás; Él siempre estuvo pendiente de la iglesia de Cristo. Cuando Jesús enseñó a los discípulos la oración modelo (el Padre Nuestro) en el verso 13 del capitulo 6 de Mateo refirió: "Y no nos metas en tentación", no permitas que Satanás nos derrote, caer en pecado, separados de Dios. Es pedir al Señor nos fortalezca espiritualmente para "no ceder" ante la tentación. La tentación no es una prueba enviada por Dios, es

una debilidad nuestra cuando permitimos caer en actos contrarios a las enseñanzas de Dios. Algunos lo justifican con la "vieja naturaleza" que venimos arrastrando, "NO", cada día hay que esforzarse valientemente por ganar la perfección espiritual. El diablo anda como león rugiente buscando a quien devorar (1Pedro 5.8), nosotros "no seremos" su carnada. A Dios pedimos nos libre de la tentación, mas, nosotros mostramos que nuestra fe es fuerte en Cristo Jesús; me satisface recordar que "ya no vivo yo, vive Cristo en mi", y, "todo lo puedo en Él que me fortalece". El Padre Nuestro expresa nuestra profunda fe en Dios. Cuando dirijo el Culto de Oración en la iglesia me gusta iniciarlo con esa oración, cual enseñanza de Jesús. "El Señor sea con todos". Amén.
Motivo especial de oración: la sobrina de la hmna Saralí, el hmno José Fuentes, la hmna Juanita Mora, y la familia Aguilera Fuentes por la pérdida de la esposa y madre.

A continuación les hacemos llegar el mensaje de nuestra hmna Migleida Carolina, médica venezolana, católica:
En (Juan 15. 15) Jesús nos dice: A ustedes les he llamado amigo porque les he dado a conocer todo lo que escuché de mi Padre. "Que enseñanza nos da Jesús, cuando nos dice amigos, nos ha dado los secretos del Reino, lo más grande, el amor del padre, por eso cuando encontramos un amigo encontramos un tesoro, vendemos todo, nada es necesario, sólo el amor que se nos manifiesta, estoy convencida de que el Padre continúa mandando ángeles que nos asisten, acompañan y nos llenan con su presencia, cumpliendo misiones en un tiempo concreto en nuestras vidas. Doy gracias a Dios por usted y a los hermanos en la fe, por sus oraciones. De mi parte reciban muchas bendiciones y cumplamos el mandato de llevar esta Buena Nueva a toda Criatura. Paz y Bien.

Hebreos 13.8 Agosto 17

Pasa una y otra generación sucesivamente, en ella líderes que las guían e incidieron en su formación y sostenimiento, han dejado de existir, sólo queda sus legados, el recuerdo. Sin embargo, Jesús nunca nos ha dejado, siempre está a nuestro lado; así fue su promesa (Mateo 28.20), su tiempo no tiene fin, sus años no terminan (Hebreos 1.2). Los hombres somos finitos, Él es infinito. Él vive pendiente de nosotros, intercede cual abogado designado y médico de cabecera. Es el primero y el último, quien vive, estuvo muerto, mas, los siglos son de Él (Apocalipsis 1.17, 18). Nos ha ofrecido un camino, una verdad, y la vida (Juan 14.6), desaprovechar su oferta sería nuestra rotunda perdición. Todo lo que el hombre hace es efímero, Él permanece inmutable, nadie ha podido, ni podrá destronarlo. El hombre ha arremetido contra su poder. Y qué ha sucedido? Miremos nuestro derredor y tendremos la respuesta, mas, quienes le siguen viven en holgura espiritual, libres para siempre. La gloria sea para Dios! Amén.
Motivo de oración en el día de hoy: nuestra hermana Nancy Lucía.

Proverbios 17.22 Agosto 18

Nuestra ciudad de Holguín está inmersa en la celebración de las fiestas populares, carnaval. Son tantas las personas que acuden a ellas buscando sentirse "alegres". Se divierten, momentáneamente, en lo que eufóricamente perciben; música, coloridos, desfile de carrozas y comparsas, muñecones, comida, y lo esencial:

bebidas alcohólicas. Quizá en ese "instante", que pasa rápidamente, se sientan alegres. Invierten toda su economía en ello, y hasta venden lo necesario del hogar. Luego que todo pasa, viene el lamento. Es eso lo que el Señor desea que hagamos? El Señor no es un amargado, divertirse "sanamente" es aconsejable para la salud. Hace poco realizamos un cumpleaños colectivo en nuestra congregación, todo fue muy lindo y agradable, pero, lo más importante, aceptable ante los ojos de Dios, cuidando no caer en cuestiones que a Él le desagrada. Qué alegría! Nos gozamos. Realmente nuestro corazón lo agradeció. En cambio la alegría mundana, finalmente se convierte en tristeza, hechos desagradables. Cuando el Señor está presente en nuestras vidas, las dirige, todo es distinto. Su amor, siempre presente, nos proporciona una vida sana, gozosa, rebosante de alegría. Por qué no? A Él sea la gloria! Amén.
Motivo de oración en el día de hoy: mantenemos a la sobrina de nuestra hmna Saralí en oración.

Daniel 12.3 Agosto 19

Las enseñanzas que nos da el Señor siempre son entendibles? Creo que no. Primero hay que conocerle. Y por qué todos no le conocen? Pues, porque no le buscan, y, por qué no le buscan? porque somos sus hijos los encargados de "presentarlo" a toda criatura (Mateo 28.19). Presentar a nuestro Padre es una honra para nosotros. Un día estaba en la funeraria, la Iglesia Bautista Maranatha comenzó un culto póstumo, cuando fui a incorporarme al mismo, una persona a mi lado me preguntó: qué van a hacer ahí? Quién es Jesús? Ese debe ser el introducto, comunicarle al mundo "quien es Jesús", "que ha hecho por nosotros", y "que hará en el futuro". Siempre hay que tener a mano el pequeño Evangelio contenido en Juan 3.16, y complementarlo con Juan 11.25, significando, el valor incalculable de nuestro testimonio personal. Dios nos ha dado sabiduría, no para retenerla para sí, sino para compartirla, en el texto de hoy nos llama "entendidos", pero también dice que "resplandeceremos" como las estrellas por la eternidad, pero, es necesario ejercer la labor de "instruir" a muchos. Cuántos? los que sea necesario. Nuestra "Pastoral de acompañamiento espiritual" ofrece esa posibilidad comunicando su reflexión a quienes sea posible; es una oportunidad que el Señor nos da. A Él sea la gloria. Amén.
Motivo de oración para hoy: la sobrina de la hmna Sara, y toda la congregación que recibe el texto, el Señor sea con todos.

Mateo 6.7, 8 Agosto 20

Equivocadamente muchos creen que la oración sofisticada, adornada con palabras rebuscadas, es la que Dios escucha. No serán esas que se quedan adheridas al techo, y de ahí no pasan? Quien decide la eficacia de la oración es nuestra fe, no la manera, ni el prolongado tiempo. Hubo quien dijo: **"Dios prefiere un corazón sin palabras, que muchas palabras sin corazón".** Es la realidad mis hermanas y hermanos. Él escudriña nuestros corazones, y conoce nuestros pensamientos. De ante mano, Él sabe nuestras necesidades, mas, le complace que en un acto de confianza conversemos con Él, esa es la oración, como un hijo confía en su padre. Una buena comunicación con nuestro Padre se sostiene a través de la fe. No debe haber diferencia alguna, la iglesia de Cristo es una, Él es único, para nosotros que no vemos muy lejos a veces vemos diferencias, Él considera la iglesia invisible a

nuestra vista, porque mira y escudriña los corazones como pueblo de Dios, su gran familia. A Él sea la gloria. Amén.
Motivo de oración para hoy: la sobrina de nuestra hermana Sara, la familia de Rolando Mora y Mariela Aballe en los EUA, Juanita Mora, y Nancy Lucía, José Fuentes, y nuestra comunidad cristiana.

Juan 10.10 Agosto 21

El que es falso no viene sino a hacer daño. Y cuántos falsos hay que vestidos de lana son lobos rapaces, pero el Señor conoce hasta el último cabello de nuestras cabezas. Quien se escuda en la obra del Señor para realizar sus intereses personales, un día le llegará la hora de rendir cuentas ante el Altísimo, si no hay un arrepentimiento de corazón. Esas personas no aman, su egoísmo las domina. Pero, no nos convirtamos en fiscales o jueces, miremos al Señor fijamente, al frente, lo que significa para nosotros su sacrificio en la Cruz del Calvario y su **"resurrección"** de entre los muertos. El vino para que **"tengamos vida, y vida en abundancia".** Somos de un rebaño, no de varios, el de Cristo, no importa donde nos congreguemos, la iglesia es de Él, y todos somos hermanos en la fe, templos del Espíritu Santo. A Dios sea la gloria. Amén.
Motivo de oración para hoy: la familia Santana por la pérdida de su mamá y abuela, la sobrina de la hmna Sara, el hmno Wilfredo Hernández Leyva en los EUA, y la Iglesia de Cristo.

Filipenses 4.19 Agosto 22

Hoy la cita bíblica nos remite a una de las promesas más grandes que aparece de nuestro Señor: **"Dios, pues, suplirá todo lo que os falta conforme a sus riquezas en gloria en Cristo Jesús".** Ello es una realidad inobjetable, pero tiene un requisito, **"hay que confiar de todo corazón".** Sin una fuerte fe no es posible recibir. En ocasiones Jesús preguntó: "crees esto?" Todas nuestras necesidades son suplidas en Cristo, por medio de Él, cuando plenamente identificados andamos con Él, quien fue entregado por nosotros (Romanos 8.32). Si nos unimos del todo a Él, experimentaremos algo sobre natural en nuestras vidas, venceremos las tormentas que se presentan, y andaremos de "gloria en gloria". Cuando el enemigo ve que nuestros principios cristianos son inquebrantables, huye de nuestra presencia, ve a Cristo, su reflejo en nosotros, entonces Dios nos suple conforme a sus riquezas. "En el mundo tendrán aflicción, pero confíen, pues, yo he vencido el mundo, dijo el Señor (Juan 16.33)". Grandes testimonios hay sobre ello. A Dios sea la gloria. Amén.
Motivo de oración para hoy: la sobrina de la hmna Sara, todos los pacientes de Oncología pediátrica y de adultos, y la Iglesia de Cristo en fortaleza.

Oseas 6.-6 Agosto 23

Dios le dio una misión fuerte al profeta Oseas, pero no incumplible. A través de él reprende a su pueblo contra la infidelidad, pero no le cierra las puertas del todo. Dios es paciente, nos da unas cuantas oportunidades, mas, muchas veces se es rebelde, altivo, no consideramos su paciencia, entonces, esa actitud puede dar al traste ante las facilidades que no supimos aprovechar; llegamos al final, y encontramos la puerta cerrada totalmente. El hombre en incontables ocasiones ha querido sustituir esa **"gran misericordia",** de Dios por las obras de sus manos pretendiendo así llegar a

Él, desviándose del camino que a través de su Hijo Jesucristo nos señaló. Desde esos tiempos lejanos Dios Padre comenzó a señalarnos una vida nueva por medio de la **"gracia"**, no del cumplimiento de leyes, no por medio de sacrificios, situación que selló nuestro Señor cuando dijo: **"De cierto, de cierto os digo: el que oye mi palabra y cree al que me envió tiene vida eterna, y no vendrá a condenación, sino que ha pasado de muerte a vida (Juan 5.24)".** Nuestra fidelidad al Señor, nuestra fe en su inquebrantable poder, y el cumplimiento de sus enseñanzas, nos muestra el camino a la **Salvación por su gracia.** A Dios sea la gloria. Amén.
Motivo de oración para hoy: la sobrina de nuestra hermana Sara, y toda la comunidad cristiana.

Hebreos 12.1 **Agosto 24**

Cuántas personas han testificado sobre la fe en nuestro Señor Jesucristo! Cuántos incluso han padecido, pero sabiendo estar en el camino cierto no ha temido convirtiéndose en héroes de la fe! Cuántos en nuestros tiempos supieron con decoro y dignidad sobreponerse a los embates contra la Iglesia de Cristo y mantenerse firmes! A veces nos apegamos demasiado a la vida terrenal, a lo material, a lo efímero. Y qué significa ello si lo comparamos con la eternidad? A quién temer? Jesús nos prometió **"vida en abundancia"**, pero también significó: **"Vosotros sois mis amigos, si hacéis lo que yo os mando".** La vida cristiana es una gran carrera, hay tantas pruebas para llegar a la meta, que vencerlas sin cometer fraudes es el mayor reto. En la tendencia a pecar está el peligro, de ello tenemos que cuidarnos sobremanera, pues, después que pecamos es como aquella enfermedad que siempre deja secuelas. Nos es necesario mantener la vista en Jesús, Él es el autor y sostén de la fe, es quien la consuma, sin su ayuda nada podremos lograr. No es posible apartar la copa, ni dejar de cargar la Cruz, mas, Él la bebió primero, y cargó la Cruz antes que nosotros en condiciones infrahumanas para obtengamos la dádiva de la vida eterna. A quién iremos si no a Él?. A Dios sea la gloria. Amén.
Motivo de oración: la sobrina de la hmna Sara; los que bajo el látigo cruel del pecado no han podido liberarse; la Iglesia de Cristo.

Salmo 23. 1, 2 **Agosto 25**

El Señor es mi pastos nada nos falta... En este Salmo resaltan dos imágenes: el pastor que cuida sus ovejas, y el anfitrión que brinda a sus invitados un exquisito banquete. Si miramos el texto poéticamente, es bello, pero es bueno mirarlo apreciando el sentimiento de plena confianza en el inigualable amor y fidelidad del Señor. Dice el Salmo 27.1: "El Señor es mi luz y mi salvación; a quién podría yo temer? El Señor es la fortaleza de mi vida; quién podría infundirme miedo?
Aún en medio de los mayores peligros, Dios es nuestro refugio y fortaleza. En todo momento de la vida, quienes tengan el privilegio de contar con Él, saldrán airosos; su fidelidad es tan grande que siempre está con nosotros.
En la Epístola a los Romanos 8.31, dijo el apóstol Pablo: "... Si Dios es por nosotros, quién contra nosotros? Han pasado siglos, toda obra humana cambia, o deja de existir, todo poder es efímero, mas, Dios es inmutable. Él siempre está a nuestro lado, su fidelidad es inconmovible, ni siquiera la muerte puede separarnos de Él, pues, es entonces cuando se consuma su promesa y se nace a la verdadera vida. A Dios sea la gloria!. Amén.

Continuamos orando por la sobrina de la hmna Sara, Damaris y su familia; así como por el Concierto esta noche en La Iglesia de Los Amigos (Cuáqueros) de Vista Alegre. Holguín.

2 Crónica 29.11 Agosto 26

Adoramos y alabamos al Señor por su magnificencia, poder, gloria, la victoria de sus actos sobre todas las cosas y hechos. por ello le honramos. Él es el Creador de todo lo existente en los cielos y en la tierra; nosotros debemos ser cocreadores junto a Él, permitir nos tome como instrumentos suyo para llevar el Evangelio a toda criatura sin distinción. Suyo es el reino, dice su Palabra escrita. Excelso sobre todas las cosas! Nosotros le damos gracias porque aún siendo pecadores, imperfectos en nuestra naturaleza humana, Él nos da participación en su reino, es por ello que debemos "buscarle", y buscarle diariamente no en fechas señaladas, significa cumplir con su justicia en todo momento. Si tenemos el Espíritu Santo con nosotros, podemos glorificar al Padre, hacer obras mayores, y transitar de "victoria en victoria", porque Él nos conducirá por caminos de bien, agradables a los ojos del Altísimo (Juan 14.12). Cuando aprendemos a poner todas las cosas en manos del Señor, encomendarnos a Él y dejarnos llevar por su Voluntad, experimentamos su "gloria", y tendremos la seguridad de que "Él hará". A Dios sea la gloria! Amén.
Motivo de oración: Damaris Marrero y su familia; la sobrina Sara; así como el agradecimiento por el Concierto celebrado en la Iglesia de Los Amigos (Cuáqueros) de Vista Alegre. Holguín, donde se alabó y adoró al Dios,

1 Pedro 5.6 Agosto 27

En el Evangelio de S. Mateo 23.12, Jesús nos dice: "... el que se enaltece será humillado, y el que se humilla será enaltecido". Bienaventurados los pobres en espíritu, porque de ellos es el reino de los cielos" (Mateo 5.3), los que no ponen su confianza en este mundo, sino en Dios para que les enriquezca espiritualmente. Humillarnos bajo la poderosa mano de Dios es confiar que todo acontecimiento en nuestras vidas por Él permitido sea para beneficio nuestro. No es de nuestro agrado esperar para ser exaltado, sin embargo, el Señor sabe cuando es el momento para ello. Cuando aprendamos a humillarnos de todo corazón, entonces Él nos exaltará. Debemos tener plena confianza en Dios, Él nos sustentará y protegerá. "Venid a mi todos los que están trabajados y cargados, y yo os haré descansar", dijo el Señor. A Dios sea la gloria! Amén.
Motivo de oración: la sobrina de Sara; la hmna Myrna Gutiérrez y familia.

Apocalipsis 21.4 Agosto 28

Cuan difícil es para muchos creer en las promesas de Dios! Sin embargo, cuan certeras son. Cuántas experiencias podemos narrar los que le escuchamos y vemos con nuestro espíritu. Dios dijo: "Pasarán los cielos y la tierra, mas mi palabra no pasará" (Lucas 21.33). Escrito está todo lo que nos ha prometido y en este plano terrestre debemos conocer, pero, cuántas cosas más nos tiene reservadas para cuando estemos con Él. Jesús nos dejó dicho: "En la casa de mi Padre muchas moradas hay... voy, pues, a preparar lugar para vosotros (Juan 14.2). Ya no habrá más sufrimiento, ni dolor, Él enjugará toda lágrima. La muerte dejará de existir. Todos los "redimidos" volverán a Sion y su gozo será perpetuo. El propio Dios se

alegrará con su pueblo. Todo gira sobre una sola situación, no creer en Dios solamente, sino **creerle** a Dios lo que nos ha legado en su Santa Palabra; solo así podemos alcanzar su reino. A Dios sea la gloria! Amén.
Motivo de oración: la sobrina de la hmna Sara; el esposo de la hmna Migdalia Aballe.

Salmo 91.2 Agosto 29

Cuando el gran científico Faraday, descubridor de la generación de corriente eléctrica, en sus últimos días, ya en su lecho, fue visitado por unos amigos inconversos que aprovecharon la oportunidad para señalarle ahora se encontraba en la incertidumbre de la vida; a lo cual, este consagrado cristiano respondió categóricamente, "… no me avergüenzo, porque sé a quien he creído y estoy seguro de que es poderoso para guardar mi depósito para Aquel Día" (2Timoteo 1.12). Si como cristianos no tenemos la seguridad de quien es nuestro Señor, qué ha hecho por nosotros, y qué hará cuando nos corresponda partir de este mundo, vana es nuestra fe. Él debe ser todo en nuestra existencia; Jesús nos aseguró vida eterna, vida en abundancia (Juan 11. 25,26). En quién confiaremos, quién es lo suficientemente poderoso para asegurar nuestras vidas de tal manera? A Dios sea la gloria! Amén.
Motivo de oración: la sobrina de Sara, la hmna Dora Rodríguez, la nieta de la hmna Odalys, y la hmna Enriqueta.
Recibí hoy la solicitud de orar por la tierra.

El 29/08/2019 17:22, Juanita <jmora67@nauta.cu> escribió:

> La Paz del Padre, del Hijo y del Espíritu Santo
> Sea con ustedes.
> **Oremos hoy por la Madre Tierra.**
> Nuestra Madre Tierra se Muere a Pedazos.
> Oremos todos no nos importe nacionalidad, raza, credo, religión.
> Seremos, cubanos, latinos, europeos, africanos, francés, español, filipino, portugués, católico, ortodoxo, evangélico, moravo, episcopal, luterano.
> Seremos esto o aquello sólo por los años de vida que
> el Altísimo permita.
> Sin embargo, somos Hijos de Dios eternamente.
> !!Qué el Hombre no te obligue, Señor a Arrepentirte de Haberle
> dado un día las
> Llaves de la Tierra.!!
>
> !!Qué el Poder Redentor de la Sangre de Cristo Proteja la Vida
> en la Madre Tierra!!
>
> Hermana Juanita Mora.
> Holguín, Cuba.

Mateo 7.1, 2 **Agosto 30**

El miércoles pasado impartí un estudio sobre doctrinas, y cuaquerismo. Dejé especialmente asegurado nuestro sentir y respeto por la enseñanza bíblica; así como su práctica por las distintas denominaciones en adoración a Dios, y su alabanza. Nada debemos juzgar sobre la espiritualidad y forma de exposición de cada cual; lo que hagas para Dios dentro de sus estatutos, es bueno. El Señor sabe apreciar nuestra intención porque Él escudriña los corazones. Quien juzgue la espiritualidad con que una congregación rinde culto a Dios, obra contra su propia familia. Ahora bien, debemos distinguir entre dos tipos de juicios: 1) sobre el comportamiento y las obras de la persona; 2) sobre la persona directamente. No debe juzgarse el carácter, motivos, pensamientos, vida interior, el alma, porque daña la espiritualidad, que es un trabajo del Espíritu Santo. Pero, sí es necesario juzgar las acciones incorrectas y dañosas que deterioran la fe, y para ello está la Iglesia en la forma que se determine (Juan 20. 19-23). Los cristianos debemos ser muy cuidadosos y celosos del testimonio personal que exhibimos ante la sociedad, y más aún, ante Dios. A Dios sea la gloria! Amén.
Motivo de oración: la población de La florida amenazada muy seriamente por el Huracán Dorian.

2 Corintios 4.18 **Agosto 31**

Cuan triste es sólo mirar lo que nos rodea, inseguridades, maldad, prevaricación, malos hábitos, agresividad, injusticia, en fin, tantas cosas lacerantes incompatibles con nuestra moral cristiana. Mas, cuando miramos a Cristo, sus enseñanzas, sus promesas, sentimos su compañía, la vida cambia para bien. Qué inseguridad puede sentirse estando a su lado, transitando por sus caminos? Hay que proseguir la meta! como dijo Pablo. No sabemos a que distancia estamos, pero si sabemos que asidos de Su mano llegaremos (Hebreos 12.2, 3). Padecemos? pero juntamente con Él seremos glorificados (Romanos 8.17). A Su abrigo seremos más que vencedores! Debemos tenerlo siempre presente. A Dios sea la gloria! Amén.
Continuemos orando todos, por la población, y nuestra familia en la fe, de Miami, Georgia, las Carolinas, la Costa Oeste del Golfo de México, amenazadas fuertemente por el Huracán Dorian. Por la sobrina de Sara, y las hmnas Enriqueta, Darcia, Dora, Juanita, y los hmnos José Luis, y José Fuentes.

Mateo 7.38 **Septiembre 1**

Conforme lo profetizó Isaías, nada material se necesita para que el espíritu pueda alimentarse, beber y comer (Isaías 55.1), sólo tener fe. Beber de Cristo es creer y creerle a Él. Y cuando hayamos recibido el "agua viva", la bebida espiritual, dice el Señor, entonces la podremos dar a otros, ser la vía para que también otros crean y le busquen. Cuanto más nos acercamos a Cristo, más bebemos, y más tendremos para repartir (Mateo 28.19); más bendiciones recibiremos, y daremos a los demás para continuar recibiendo. A Dios sea la gloria! Amén.
Damos gracias al Señor, por escuchar nuestro ruego y proteger la población y familias de Dios en los EUA, del Huracán Dorian. Continuamos orando por otros pueblos hermanos. Oramos por la sobrina de Sara, y la hmna Enriqueta.

Jeremías 17.14 Septiembre 2

"Sáname, Señor, y seré sano; sálvame y seré salvo, porque tú eres mi alabanza". Esta es la primera de las confesiones de Jeremías, en las cuales descubre su alma a Dios. Agobiado, angustiado, perseguido bajo amenaza de muerte, el profeta se entrega totalmente al Señor. He ahí la clave de todo, "una entrega total al Señor". Quién puede sanar realmente? Quién tiene el poder de salvación en sus manos? Sólo Dios. Los judíos muchas veces criticaron a Jesús cuando "perdonó pecados", y "sanó el cuerpo". Sólo Él puede hacerlo. Qué importante! Sanó el alma. Es lo que muchos no comprenden aún. Él tiene la decisión de dar su "gracia", no es un regalo, es una "dádiva" que no puede corresponderse como socialmente hacemos cuando recibimos un regalo. Acerquémonos al **"trono de la gracia"**, y entonces podremos decirle al Señor: "sáname, sálvame; sabiendo que seremos sanos y salvos" para la eternidad. A Dios sea la gloria! Amén.
Oremos, por nuestra familia de la fe; por todas las familias representadas por ustedes; por los enfermos, y aquellos que sufren el embate del Huracán Dorian.

Proverbios 18.2 Septiembre 3

Qué puede significar el necio para quienes conocen y aman a Dios? Sencillamente una abundante lástima, sobre todo quienes encierran su existir en su verborragia sin pensar lo que hablan. Les llamo los que piensan con su lengua, no pueden frenarla. Antes de anoche me encontré con Anto, abandonó la iglesia, y por su apariencia pude observar anda por otros caminos; traté y estoy haciendo lo posible para devolverlo al redil; me pidió orara por él. Ha sido necio, al hablarme lo comprendí. Cuánta diferencia con los que no sueltan la mano del Señor? Conocí al hermano Franklin de la Catedral Metodista; con los ojos anegados en lágrimas me habló de la pérdida de un hijo de 9 años de edad ahogado precisamente un Domingo de Resurrección, mas, su hablar fue sensato, sincero; me dijo: **sufro, pero pienso que Dios sufrió más que yo cuando entregó a su Hijo al martirio y muerte en la Cruz por nosotros sin merecerlo.** Invité a Franklin a predicar en mi iglesia y fue una bendición. **"Bienaventurado los pobres en espíritu, porque de ellos es el reino de los cielos"** (Mateo 5.3). Los que humildemente entregan su espíritu a Dios, sabiendo que necesitan de Él, para que los fortalezca. Saber escuchar y hablar del Señor, es una fortuna y un privilegio, saber cumplir su Voluntad es vida en abundancia aunque en la tierra la perdamos. A Dios sea la gloria! Amén.
El querido hmno Rolando Mora, nos pide continuemos orando por la situación que atraviesa la población en La Florida y demás territorios; sobre todo por la familia de la fe.

Deuteronomio 31.6 Septiembre 4

Cuando tomamos la seria decisión de entregar nuestra vida al Señor, requiere no mirar atrás, siempre al frente buscando la luz, sin prejuicios ni cobardía. "Porque no nos ha Dios espíritu de cobardía, sino de poder, de amor y de dominio propio" (2Timoteo1.7). El temeroso no sirve a nadie, porque el miedo lo paraliza, es como el tamo que lleva el viento, mucho menos a Dios que su obra es de envergadura. "Mira que te mando que te esfuerces y seas valiente; no temas ni desmayes, porque Jehová, tu Dios, estará contigo donde quiera que vayas" (Josué 1.9). Así dijo el Señor a Josué cuando la misión fue sumamente difícil. Quienes temen asumir la obra

del Todopoderoso en la tarea que le toque, jamás entrará al reino de los cielos. Nunca un cobarde será llamado "hijo de Dios"; la familia de Él está compuesta de hombres y mujeres valientes, de decisiones firmes. El Hombre puede dañar el cuerpo, nunca el espíritu rendido al Señor. A Dios sea la gloria! Amén.
Oremos por los damnificados por el Huracán Dorian, y por la gran familia de Dios.

Proverbios 27.17 Septiembre 5

Como el hierro se pule con el hierro; así el hombre se pule con su trato con otros hombres, nos está diciendo Dios en su Palabra escrita. Nos está advirtiendo con quienes debemos relacionarnos estrechamente. Hace dos días conversé con un matrimonio que recién conocí sobre este particular precisamente, recordamos el dicho de nuestros padres: dime con quién andas, y te diré quién eres. El apóstol Juan en su Segunda Epístola es muy certero sobre esta situación. Señala al que se extravía y no permanece en la doctrina de Cristo como alguien negativo, perjudicial; en el verso 10 dice: **"Si alguno se les acerca y no trae la doctrina de Cristo, no lo reciban en su casa…"**. Esa persona no puede ayudar a crecer espiritualmente, no puede ser alguien de confianza, no nos edifica, nos causa problemas. Nuestra vida en Cristo debe ser por Él y para Él, nada puede sustituirle. A Dios sea la gloria! Amén.
Continuemos orando por las familias afectadas por el Huracán Dorian; los enfermos, la sobrina de Sara, el hmno José Fuentes, las hmnas Mariela Aballe, Juanita Mora, Nancy Lucía, y el esposo de Migdalia Aballe.

Mateo 7.13, 14 Septiembre 6

En el Antiguo Testamento se acostumbraba utilizar la imagen del camino para señalar la conducta humana y su estilo de vida. Hoy es bueno reflexionar sobre ese llamado que hace el Señor en los versos 13 y 14 del Evangelio de Mateo, cap. 7. A dónde me lleva el camino que he tomado? Si mi camino es tan ancho, tan fácil de recorrer en un mundo plagado de adversidades, debo preocuparme. Si la puerta por donde entro es tan ancha que permite a todos sin distinción entrar por ella, cuál es el lugar que visito? En cambio, el camino y la puerta angosta es la vía para una vida ajustada a las enseñanzas del Maestro. Todo buen vivir presenta dificultades en un medio corrupto, perverso, dominado por las miserias humanas. Pero, no es suficiente leer o escuchar las palabras del Señor, sino obedecerlas. Jesús llama, nos dice como a los discípulos: **"sígueme"** (Marcos 1.17; 2.14), la decisión es nuestra, el destino también. A Dios sea la gloria! Amén.
Oremos por la paz del mundo.

1Pedro 2.16 Septiembre 7

Amamos grandemente la libertad, pero, el mundo tiene un concepto distinto al nuestro. Cristo nos hizo libres no en un reducido sentido de la vida, sino totalmente. Cuando vivimos en Él plenamente sentimos que hemos alcanzado otra dimensión de vida, no tememos a nada, sabemos que el poder humano es finito y por mucho que el hombre se esfuerce en situarse por encima de Dios, jamás lo logrará, entonces: **"si Dios con nosotros, quién contra nosotros"** (Romanos 8.31). Viviendo por Cristo y para Cristo nos situamos por encima de todo, somos capaces de asimilar todo, de ello extraer lo bueno, y contentarnos con lo que Dios nos da. Mas, esa

libertad, que es inigualable poder, tiene un precio: cumplir la voluntad del Señor y comportarnos sirviéndonos unos a los otros, que el amor de Dios reine en nuestros corazones, lejos del pecado, y el Señor nos da el lugar que merecemos libres. A Dios sea la gloria! Amén.
Durmió en Cristo la señora Lilia Hernández, madre de Jorge y Martha Martínez, a ellos y demás familiares y amistades nuestro apoyo espiritual, oremos por la familia.

Sofonías 3.17 Septiembre 8

"El Señor en su amor te guardará, te dará nueva vida". En medio de nosotros Él está, "porque donde dos o tres están congregados en mi nombre, allí estoy yo en medio de ellos" (Mateo 18.20). Nos salvará con su poder, Él se regocija en cubrir a sus hijos con su manto eterno y bendito. El cielo entonará cánticos, y habrá alegría por cada nuevo nacimiento en el Señor, y salvación. Alcemos nuestros ojos a los montes de Sion, allí está nuestro socorro, del Todopoderoso, del Creador, y depositemos nuestra confianza en Él. Jesús Dice: "Voy, y volveré a vosotros" (Juan 14.28), junto a nosotros está el Espíritu Santo, asistiéndonos, guiándonos por el camino que lleva al reino de Dios. A Él sea la gloria! Amén.
Oremos, por nuestra comunión con el Señor.

Salmo 56.3 Septiembre 9

No debemos temer cuando sabemos que Dios es nuestra fortaleza, pero la carne es débil, a veces viene el temor, la angustia, la preocupación, etc., mas, en todo tiempo es necesario confiar en el Señor, clamar a Él, siempre está con nosotros, los simples mortales están sujetos a su "poder" (Salmos 118. 5, 6). "El Señor es quien me ayuda; no temeré lo que pueda hacerme el hombre" (Hebreos 13. 6). Nuestra gran fortaleza radica en cultivar la fe, de tal manera que llegue a ser inconmovible. En todo momento entregarnos al Señor, andar con Él, vivir en Él; que su Espíritu Santo llene nuestra existencia, y siempre decir: **"Jesús, yo confío, roca mía, mi fortaleza; a quien iré si no a Ti".** A Dios sea la gloria! Amén.
Oremos, por la sobrina de Sara; Nelson Rodríguez Martínez; la Iglesia de Cristo.

Salmo 127.1 Septiembre 10

De que valen nuestros proyectos si antes no contamos con el Señor para hacerlos y realizarlos, sin la ayuda de Dios y su aprobación nada prospera.**"Permaneced en mí y yo en vosotros". Como el pámpano no puede llevar fruto por si mismo, si no permanece en la vid; así tampoco vosotros, si no permanecéis en mí"** (Juan15.4).Tenemos que acostumbrarnos a permanecer tan fuertemente unidos al Señor que para nuestra vida constituya sostén y fortaleza. Contar con Él en todo momento. Poner ante el Trono de la Gracia nuestros planes, necesidades, situaciones, y muy especialmente nuestra gratitud por aceptarnos como sus hijos, la familia de Dios, hermanos todos en Cristo. A Dios sea la gloria! Amén.
Oremos por la sobrina de Sara, hoy hospitalizada en muy mal estado; por José Fuentes y familia, por la Iglesia de Cristo.

Proverbios 18.10 **Septiembre 11**

Consideremos que nuestra ayuda viene del Señor, Creador de todo lo existente, y nos sentiremos seguros, sabiendo que somos templo del Espíritu Santo, y en él Dios mora. Por ello invocamos su nombre sabiendo que sólo Él es único y verdadero Dios (1Juan 5.20), digno de alabar y adorar. Adorémoslo en espíritu y en verdad, porque tales adoradores Él busca que le adoren (Juan 4.23). A su nombre gloria! Amén.
Oremos por la sobrina de Sara; José Fuentes, y nuestra comunión con el Señor.

Romanos 15.13 **Septiembre 12**

Dios es una viva esperanza por "el poder de su Espíritu Santo". Cuál es la esperanza fundamental? La salvación y vida eterna; por su causa todos sus hijos podemos siempre estar llenos de "gozo y paz". "Todo lo puedo en Cristo que me fortalece" (Filipenses 4.13). Todo gozo de un cristiano debe estar sustentado en la vida espiritual que el Señor nos proporciona, no en los placeres de la vida (Juan 15.11). Del mismo modo la paz que Jesucristo nos da (Juan 14.27). En el mundo no hay paz. Nosotros la podemos tener cuando confiamos en el Señor. Cuando alcancemos esa dimensión superior que sólo Dios puede dar, porque hemos logrado un nivel de consagración más alto, es que podemos vivir en otra dimensión espiritual – fortalecidos en la fe por la gracia del Señor -, entonces nada nos puede perturbar en este mundo impío que hoy vivimos. Jesús dijo: "busca primero el reino de Dios y su justicia, y todo os vendrá por añadidura". Oremos los unos por los otros en el amor de Cristo, y el Espíritu Santo morará en nosotros, siempre haciendo bien, mayormente a los de la familia de la fe. Dios nos cobije bajo su sombra! Amén.
Oremos por: la paz, especialmente por nuestros hmnos cristianos, por la sobrina de Sara, José Fuentes y su familia, Juanita Mora, Nancy Lucía, Nelson Rodríguez, y todos los enfermos que están siendo afectados por el "**dengue",** en nuestra provincia y otros territorios.

Salmo 59.16 **Septiembre 13**

Cuáles, cuántos, son los tiempos de angustias que hemos vivido? Muchos verdad? Y los continuaremos enfrentando. Las adversidades en un medio hostil para nosotros los hijos de Dios son bastante. Muchas personas a nuestro alrededor no entienden, ni conocen, ni quieren entender, ni conocer, el poder de Dios y su misericordia. Hace unos meses escribí un cuento titulado "El pordiosero", que presenté y se publicó en La Asociación Cajamarca, Identidad y Cultura, de Cajamarca. Perú, para una convocatoria sobre "los valores humanos"; en él abordé el tema sobre las miserias humanas que son precisamente las más angustiosas. Vivimos en un mundo que se debate entre la vida y la muerte, mas, está muriendo espiritualmente. Dios en su misericordia espera una respuesta positiva; nosotros vivimos conforme a su Voluntad, somos el remanente. Le proclamamos y vivimos en Él, y para Él, es nuestra fortaleza y refugio. A quién ir, si no a Él? dijo Pedro a instancia de una pregunta del Señor. Líbranos Señor de las garras del maligno! Bendito seas! Amén.
Oremos por nuestra fortaleza espiritual, hoy y siempre.

Juan 3.36 **Septiembre 14**

La advertencia de Dios es fuerte: **"...el que se niega a creer en el Hijo no verá la vida..."** Negarse, es un verbo que incluye **"desobediencia, rebeldía".** Desobedecer y ser rebelde para con Dios es despreciar la vida. Sólo Jesús nos puede dar esa vida por la eternidad que muchos rechazan. Es el resumen de una consagración y espiritualidad a su Evangelio. Se habla de **"nacer de nuevo",** como Nicodemo, hay quien no comprende; es entregarse a Cristo y recibir de lo Alto una nueva vida espiritual que nunca termina. El cuerpo muere, el espíritu jamás. Recibir a Cristo como Salvador y Señor, es recibir todas las riquezas que el "cielo" nos tiene reservadas. Tener al Hijo, es tener la vida. Aceptar al Hijo de Dios es garantizar la Salvación. Sólo hay dos caminos: **"Salvación y Condenación".** Guíanos Señor por el camino a la vida. Tuyo es el poder y la gloria, oh Dios! Amén.
Oremos por la situación epidemiológica de nuestro territorio y aquellos que padecen.

Romanos 10.10 **Septiembre 15**

Los que hemos creído al Señor en nuestro corazón, seremos justificados – dijo el apóstol Pablo -. Mas, como en una fórmula hay otro elemento importante a considerar: **"confesar". "Creer y confesar",** siempre están unidos, iden a la **"justificación y la salvación".** Si creyendo a nuestro Señor le confesamos con fe, podemos ser "salvos". Todo el que cree en Jesucristo no será avergonzado (Isaías 28.16; romanos 9.33). Hay quienes tienen vergüenza de ser cristianos, y se esconden para hablar de ello, para hablar de Dios. (Tuve un amigo así, era lastimoso). Cómo puedo cumplir con la Gran Comisión (Mateo 28.19), si temo hablar de Jesús? Decir a los demás lo que el Señor ha hecho en mi vida, ser SU TESTIGO FIEL. Es incalculable el gozo que sentimos los que peregrinamos por esta corta vida bajo la sombra de Dios, y lo confesamos con nuestro corazón y nuestra voz. Tuya es la gloria Señor por los siglos! Ten misericordia de los que aún no han interiorizado el **"misterio de la piedad"** (1Timoteo 3. 14-16). Amén.
Oremos por la sobrina de Sara, la familia de Dios, y los que aún necesitan alimentarse con el "pan de vida".

2 Corintios 3.17 **Septiembre 16**

Mirar las cosas del Señor con la óptica de la antigua dispensación basada en la ley nos revela la conducta que debemos mantener; la ley nos enseña lo bueno, y lo malo que hay que desechar, mas, Jesucristo nos ofrece su **"gracia"** para que creyendo en Él seamos **"salvos".** Al exaltarse a la Majestad nos envió el Paracleto, el Espíritu de Verdad, el Espíritu Santo; Dios con nosotros, su Espíritu. Él es omnipresente en todo tiempo y lugar; debido a esa característica de su **"poder inigualable"** podemos contar con la **"libertad"** de tenerle a nuestro lado, guiándonos a hacer "lo bueno", lo agradable a sus ojos. Somos libres de temores, poseemos dominio propio, y amor. Sirviéndonos unos a otros, nunca amparados en esa libertad para hacer lo corruptible, sino cumpliendo las enseñanzas del Señor (Gálatas 5.13). Líbranos Señor de volver a la esclavitud! Tú nos hiciste libres. Amén.
Oremos por la libertad en el Espíritu del pueblo de Dios.

Juan 8.32 Septiembre 17

Hemos conocido a Jesucristo? El Rey de reyes, y Señor de señores. Tenemos una estrecha comunión con él? Le hemos albergado en nuestro corazón y cumplimos sus enseñanzas? Si así hemos actuado, entonces conocemos la Verdad, el amor de Dios revelado en el Señor Jesucristo para salvación de la humanidad, libres del pecado. El Hijo, nuestro Señor Jesucristo, y Dios Padre, son uno (inseparables). Jesús dijo a los discípulos dirigiéndose al Padre: **"La gloria que me diste, yo les he dado, para que sean uno, así como nosotros somos uno" (Juan 17.22). Grande es el "misterio de la piedad": "Dios manifestado en carne... y vuelto a recibir arriba en gloria" (1Timoteo 3.14-16).** Si conocemos la Verdad, somos libres. Bendito seas Señor! Amén.
Oremos por nuestra libertad espiritual.

Proverbios 10.19 Septiembre 18

Quién está exento de cometer errores? Mas, hay diversas maneras de errar, también de corregir los errores. No se conoce el humano perfecto ni siquiera en su pensamiento. Pero lo más grave es que hay quien vive escudándose en el pecado inicial de la desobediencia cometido por Adán y Eva – como dicen -, en la vieja naturaleza que traemos consigo, y que venimos arrastrando, y si continuamos arraigados a ese concepto nunca lograremos perfeccionarnos, como aspira el Señor, ni en esta vida, ni en la venidera. Hay que lograr ir "limando" nuestras imperfecciones, sabemos que es difícil, que no vamos a lograrlo del todo, pero si queremos acercarnos cada día más a Cristo, que es perfecto, tenemos que transitar buscando nuevas dimensiones en la vida, ir de Gloria en Gloria, de Victoria en Victoria, desechando lo malo, lo incorrecto, lo que no agrada al Señor, y para ello comenzar con practicar un buen hablar que todos aprecien. Las malas conversaciones corrompen y dañan nuestra imagen (Colosenses 4.6). Gracias, oh Dios por tus enseñanzas. Amén.
Oremos por nuestro buen hablar y comportamiento.

Efesios 4.1 Septiembre 19

Estoy preso por causa del Señor! Es la expresión del apóstol Pablo que inicia este verso. Acaso Jesús lo denunció ante las autoridades? Nunca. Pablo estuvo en cárceles precisamente por predicar el Evangelio, pero no es eso a lo que él se refiere, sino a vivir ajustados a la voluntad y disciplina que el Señor demanda de nosotros. Pablo rogó a todos que vivieran dignamente conforme al llamado recibido de Dios. Es una exhortación a vivir la vocación que recibimos y aceptamos como "hijos de Dios". Hemos sido llamados para ser un pueblo diferente, miembros de una familia distinta, la iglesia viviente, columna y defensa de la **"Verdad"** (1Timoteo 3.15). Qué es la verdad? Preguntó Pilato a Jesús cuando le juzgaba (Juan 18.36-38); (Juan 14.6). Jesús mismo es la **"Verdad",** la justicia de Dios manifestada en carne, recibido arriba en **"gloria"** en su resurrección. Único y verdadero Dios (1Juan 5.20) A seguirle es a lo que hemos sido llamados, a adorar dignamente al Señor, conociendo que Él es **"el camino, la verdad, y la vida".** Digno es el Señor de glorificar su nombre! Amén.
Mantengámonos en oración unidos a la **"Verdad".**

3 Juan 1.11 **Septiembre 20**

Es un dicho popular bastante generalizado:"nadie es del todo bueno, ni malo..." Quizá hay determinada razón para decirlo, porque nos desarrollamos envueltos en el manto del pecado, pero, Dios no vino al mundo manifestado en carne por el simple hecho de hacer una gira por la tierra, sino para enseñarnos lo bueno, lo que debemos hacer que no afecte o lacere al prójimo. E la Epístola a los Efesios 4.22, nos dice la Palabra:"En cuanto a la pasada manera de vivir, despojaos del viejo hombre, que está corrompido por los deseos engañosos". Para esto hay una sola fórmula: el amor. Mientras no aprendamos a amar continuaremos arrastrando esa "vieja naturaleza" que tantos han puesto en un pedestal. Muy sabiamente dijo la Madre Teresa de Calcuta:"Si en verdad queremos amar, tenemos que aprender a perdonar". En ambos términos radica la clava para solamente imitar y hacer lo bueno, nunca saldremos de una situación embarazosa si no la ejecutamos. **Dios es amor!** Amén.
Pedimos se ore por la restauración de la salud de la familia de William Osorio, su esposa Isabel y su suegro Nivaldo Gámez. Por la paz.

2 Tesalonicenses 3.5 **Septiembre 21**

La Palabra escrita de Dios en la Segunda Epístola a los tesalonicenses, capitulo 3, verso 5, nos dice que Pablo oraba para que los corazones de los tesalonicenses fueran llenos del "amor de Dios", y fortalecidos con la paciencia de Cristo. Es el amor el único y maravillosos puente que une las almas y nos guía por sendas de luz. La sociedad está envuelta en numerosos problemas... No somos capaces de reconocer nuestros errores, de perdonar, y amándonos con el debido respeto, emprender una vida nueva. El apóstol Pablo habla de **"ser fortalecidos en la paciencia de Cristo",** pues, todo tiene su tiempo debajo del cielo; es aconsejable la tolerancia, y la perseverancia en nuestro actuar, en busca de nuevos horizontes donde ejercer nuestra vocación. Guíanos Señor por senderos de luz! Amén.
Oremos por la sobrina de Sara, la familia de William Osorio; la paz y el respeto mutuo.

1 Pedro 1.3 **Septiembre 22**

Hemos recibido esta **"esperanza viva"** por la resurrección de Jesucristo, de los muertos; nadie se deje engañar por vanas doctrinas de hombres que mal interpretan la Palabra de Dios; el **"misterio de la piedad",** ilustra bien claro la existencia del único y verdadero Dios (1 Timoteo 3. 14-16): Dios viene al mundo en carne, en la humanidad del Hijo, mas, su Espíritu permaneció en Él; los ángeles le sirvieron y adoraron; llevó su Palabra, las buenas nuevas a todos, especialmente a los no judíos. El mundo creyó en su deidad, y al ofrendar su vida en la Cruz por la humanidad, en su resurrección, fue recibido arriba en gloria. **"Todo lo que tiene el Padre es mío, por eso tomará de lo mío y os lo hará saber"** (Juan 16.15). Nuestra esperanza está en Jesucristo (1Juan 5.20); vida nueva en abundancia, eterna, por su gracia y poder. Gracias Padre, Hijo, y Espíritu Santo, Señor único de todos los tiempos. Amén.
Oremos porque el Señor refuerce nuestra fe en la esperanza de una nueva vida.

Salmo 23.3 Septiembre 23

El Salmo 23 es muy conocido y recurrido, se manifiesta en relación con Isaías 40.29: "Él da esfuerzo al cansado y multiplica las fuerzas al que no tiene ninguna", relacionado con la conducta practicada con la instrucción divina. Para hacer honor a Dios, por su grandeza y poder. Un canto de alabanza y adoración es este Salmo en voz de la cristiandad, reconforta el alma y anima a continuar el camino recto en busca de la luz. Los Salmos están formados por cánticos, poemas, y oraciones nacidos en la experiencia de la adoración. Fueron utilizados por nuestro Señor Jesucristo en su ministerio; debemos incorporarlos a nuestra fe cristocéntrica. Sea fortalecida nuestra fe en nuestro Señor Jesucristo! Amén.
Oremos por la iglesia.

Mateo 7.17 Septiembre 24

Hoy, se manifiesta un número considerable de quejas por la pérdida de valores sociales, mas, cuál es nuestra posición? En el año 2009, con revisiones posteriores, escribí un folleto titulado Sociedad e Iglesia, cuyo contenido versa sobre: 1) la problemática de la situación social en nuestras comunidades, 2) la persona, 3) Juan Pablo II y la Doctrina Social, 4) el aborto, 5) accionar de la iglesia en la sociedad. En el año 2014 presenté un trabajo investigativo en la Casa Iberoamericana de Holguín: "La Biblia. Carácter antropológico. Su relación con la Cultura y el Arte". Dejé demostrado la necesidad de la instrucción bíblica en la formación del ser humano. La escuela instruye secularmente, con sus excepciones. Existe un número de elementos que inciden en su restauración positiva y negativamente, pero en el seno familiar se educa, y esa educación es fundamental tenga impreso los principios bíblicos muy deteriorados en nuestra sociedad. Por último la iglesia debe asumir una posición protagónica y profética a tales efectos. Recuperar valores es difícil, peor aún caer en el pecado de **"no hacer"** y dejar que muchos se pierdan. Danos sabiduría Señor para continuar tu obra! Amén
Oremos por la sociedad y nuestra labor ecuménica.

2 Juan 6 Septiembre 25

Todo radica en el amor. Alguien dijo que el amor es la fuerza que mueve la tierra. Estuvo cerca, porque el amor mueve el "pluriuniverso". Nada es difícil cuando se ama. No es magia como también se califica, es Dios moviéndose en toda su plenitud, mas, Él exige un requisito: amarle, y amarle es cumplir sus mandamientos. El Espíritu de Dios se mueve entre nosotros, escudriña nuestros corazones, nos guía, consuela, gime por nosotros, pero, también nos reprende y amonesta, con amor. Él fue la promesa de nuestro Señor Jesucristo, en Él se concentra todo el amor divino. Cuando el Señor dijo (parafraseo): "donde dos o tres personas están reunidos en mi nombre, ahí esto yo", se refirió al Espíritu Santo derramando todo su amor sobre los que le amamos. Ayúdanos Señor a mantenernos asidos de tu Espíritu! Amén.
Oremos por nuestra libertad espiritual.

Judas 1.20, 21 Septiembre 26

Este Judas a que hace referencia el texto, era hermano de Jesús, su Epístola va dirigida a los cristianos, principalmente para refutar algunas falsas enseñanzas que

se habían producido, como se producen hoy también. Exhorta que se **"edifiquen sobre su santísima fe".** Notemos que cuando hace referencia a la "fe" la califica de **"santísima",** pues, porque vincula la misma a la presencia del **Espíritu Santo:** "... Oren en el Espíritu Santo" (v.20), en el Espíritu de Jesucristo que está en nosotros, en Jesucristo mismo. Exhorta a tener presente el siguiente principio: **"Jesús la Palabra de vida, vive su vida en nosotros y a través de nosotros cuando caminamos dependiendo de Él".** Señor, permítenos andar y permanecer asidos de tu mano. Amén.
Solicitamos sumarnos en oración unánime por la paz del mundo.

Romanos 8.6 Septiembre 27

Quién puede impedir que obedezcamos a la Verdad? Si la Verdad (Juan 14.6) – Jesucristo – no nos lleva por senderos oscuros, ni al abismo; la Verdad nos guía por caminos de luz. Es importante reconocer nuestra condición humana, limitaciones, y las grandes posibilidades que nos ofrece la Vida, mas, para ello es necesario cultivar nuestra espiritualidad, encontrar el sentido real de nuestra existencia: **de dónde vinimos? Para qué existimos? A dónde vamos finalmente cuando el sol oscurezca ante nosotros?** La Palabra de Dios nos lleva a ese entendimiento, pero lo esencial no es sólo conocerla, sino aplicarla a nuestras vidas, ella en su carácter antropológico, y **Plan de Salvación de Dios**, nos lleva a la formación de valores humanos tan necesarios para nuestra convivencia, en **amor, respeto, y paz.** Paz y gracia de nuestro Señor Jesucristo! Amén.
Mantengámonos en oración por la paz del mundo, hoy fuertemente amenazada.

1 Pedro 1.24 Septiembre 28

Todo en la vida pasa, nada es perpetuo en la tierra; así en la naturaleza está dispuesto. Es bueno sentir los rayos del sol, proporciona naturalmente Vitamina D, mas, también es dañino; en infinidades de ocasiones anhelamos su calor, pero, puede quemar como quema la hierba y se marchita, sus flores caen a tierra y su bella apariencia desaparece (Santiago 1.11); así también es el ser humano que no cultiva su espíritu conforme a las enseñanzas del Señor Jesucristo, y vive sólo conforme a lo que le proporciona su existencia terrenal. Cuántas miserias humanas crea una vida netamente material! Dijo Martí: "Los pueblos que no creen en la perpetuación y universal sentido, en el sacerdocio y glorioso ascenso de la vida humana, se desmigajan como un mendrugo roído de ratones" (t.15, pág. 388. Obras Completas) Guíanos y ayúdanos Señor a cultivar nuestra espiritualidad; así como ponerla a tu disposición. Amén.
Oremos por la paz del mundo.

Mateo 5.48 Septiembre 29

El texto de hoy se refiere a las enseñanzas de Jesús en el Sermón de Las Bienaventuranzas, específicamente en su v. 48 **"sean perfectos".** Acaso el Señor se equivocó diciéndole a los hombres que fueran como el Padre? No, Dios no se equivoca. Él nos exhorta a imitar al Padre, a ser **"compasivos",** como también indicó "amar al prójimo como a nosotros mismos". Ese fue el resumen de su enseñanza del Sermón del Monte. Ser **"misericordiosos",** Dios no hace acepción de personas, nosotros no debemos hacerla (Lucas 6.36). Podemos cumplir esa

enseñanza? Claro que sí, cuando amamos a Dios, Él derrama sobre nosotros esa virtud por medio de su Espíritu Santo (Filipenses 4.13). Mas, consideremos siempre: debemos cada día tratar de perfeccionar nuestro comportamiento, de alcanzar una **"nueva dimensión"** en nuestra vida, buscando acercarnos más a Dios. Pero recordemos siempre, sólo con su ayuda podremos lograrlo. Amén.
Oremos por la paz del mundo, y por el pueblo de Dios.

2 Pedro 1.3 Septiembre 30

La vida es nuestra. Lo que pertenece a esta vida y a la **"piedad",** nos fue entregado por el divino poder de Dios mediante el conocimiento de Jesucristo que aún nos llama por su **"gloria y excelencia".** Ayer me escribió una señora pidiendo no le envíe más una reflexión, pues, pertenece a una denominación... y no le gusta le impongan nada. Acaso podemos dividir a Cristo en varias partes? Tiene ella un Dios particular? No es una la iglesia de Cristo? Si Dios impusiera su Palabra no hubiera tenido que ir a la Cruz para redimirnos. Nuestro peor enemigo es la propia mente. La fe es un don que Dios nos da, pero cuando la hayamos recibido debemos usarla, de lo contrario es vana. Pedro escribe: **"... nuestro Dios y Salvador Jesucristo",** dice Dios a Jesús, él sabe que el Padre, Jesús, y el Espíritu Santo son todos un **Dios Trino** (Juan 10.30), por qué entonces estar divididos? Nuestra hermandad dentro de la familia de Dios es un regalo que podemos recibir **en gozo, paz, y armonía.** Permítenos Señor mantenernos unidos para que todos vean que somos tus hijos y no bastardos. Amén.
Oremos por aquellos que aún no han recibido en su mente y corazón el verdadero mensaje de las **"buenas nuevas".**

Colosenses 3.12 Octubre 1

"Hijos de Dios"; la mayor virtud que pueda tener un ser humano. Dios no tiene otro parentesco en su familia que "el de hijo", nadie puede "ostentar" esa condición por motivos de consanguinidad, u otra causa, sino por **"adopción".** Pero, para ser "adoptados como hijos" por el Altísimo, tiene que haber una fehaciente manifestación del fruto del Espíritu Santo en nuestras vidas: "amor, gozo, paz, paciencia, benignidad, bondad, fe, mansedumbre, templanza; contra tales cosas no hay ley" (Gálatas 5.22,23). Entonces, nuestra vestidura espiritual nos presenta como sus **"escogidos",** cual "luz ilumina nuestro entorno", dignos de ser sus embajadores en la tierra, ciudadanos de la Patria Celestial. A Él sea la gloria! Amén.
Pidamos a Dios el privilegio de ser sus escogidos.

Mateo 22.3 Octubre 2

Dice la Palabra que **"hay más gozo en el cielo por un pecador que se arrepiente, que por noventa y nueve justos".** Dios llama constantemente e "invita a su fiesta". Quién recibe la invitación y asiste? Esa es la respuesta que Él espera, sin apuros, el tiempo es Suyo. Quien debe apurarse a tomar una decisión es el "hombre finito", quien no sabe cuántos son sus días sobre la tierra (Eclesiastés 8.8). Danos Señor inteligencia para tomar certeras decisiones. Amén.
Te rogamos, oh Dios! por nuestras vidas en tu presencia.

Gálatas 5.25 Octubre 3

El apóstol Pablo, hombre de fe identificado con nuestro Señor Jesucristo. asevera que: "...los que son de Cristo han crucificado la carne con sus pasiones y deseos" (Gálatas 5.24). El propio Jesús dijo: "Oíd y entended: No lo que entra por la boca contamina al hombre" (Mateo 15.10). No hay término medio en las cosas del Señor; estamos con Él, o contra Él. Si le confesamos con nuestra boca y corazón, y decimos le hemos entregado nuestras vidas, tenemos que vivir bajo la égida del Espíritu Santo, y para el Espíritu Santo. Las pasiones quedan a un lado, nunca habrá justificación de que actuamos de manera contraria al Espíritu por causa de nuestra vieja naturaleza. Hemos crucificado "al viejo hombre", de ahí en adelante todo será nuevo en Cristo Jesús, Señor nuestro. Amén. **Vivamos** bajo la guianza del Espíritu Santo.

Lucas 9.24 Octubre 4

Indudablemente, para los seres humanos, las tres cosas más preciadas son: **la vida, la salud, y la libertad.** Sólo cuando alcanzamos un nivel de comprensión superior, aceptamos que nada debe ser por encima a "nuestro amor por el señor" es difícil, pero sin otra opción. Quien así no lo hace, **"no es digno de mi",** dice el Señor (Mateo 10.37). Para ello hay que aprender a "tomar nuestra cruz"; todas nuestras situaciones, adversas, o no, confiarlas en el Señor, y seguirle. Depositar en Él nuestra vida, es hallarla, pues, Él hará a su debido tiempo; mientras quien quiere preservar su vida a toda costa, sin Él, la perderá. Amén. **Gracias** Señor por el don de la vida que nos das.

Proverbios 15.31 Octubre 5

Indudablemente en el peregrinar por la vida hay situaciones que entristecen; pero, cuando el entristecimiento obedece a una modificación de nuestra conducta, muchas veces para arrepentimiento, entonces la tristeza se convierte en gozo; y en vez de sufrir pérdida, tendremos ganancias para con Dios. Mas, cuando la tristeza es infructuosa, produce separación del Señor. No olvidemos que en el mundo **"... tendremos aflicción, pero confía, dijo el Señor, yo he vencido el mundo"** (Juan 16.33). Amén.
Fortalécenos Señor para continuar nuestro peregrinaje.

Filipenses 2.5 Octubre 6

Un solo Señor, una sola fe, un solo bautismo. Seamos de un solo sentir en cristo Jesús, exaltado sobre todas las cosas, para que en su nombre, que es sobre todo nombre, únicamente, se doble toda rodilla. Haciéndose hombre, Dios se humilló hasta lo sumo, cumpliendo su misión hasta la muerte; abominable muerte en la cruz. Fue capaz de despojarse de toda su deidad, y haciéndose semejante a los hombres – pecadores -, nos facilitó el camino "hacia la salvación", por su gracia. Amén.
Gracias Señor por tu valiosa sangre derramada en la Cruz para redención nuestra.

Santiago 4.17 **Octubre 7**

Son tantas las veces que pretendemos anticiparnos a los acontecimientos, predecir lo que sucederá mañana, y hasta dar como un hecho, real, invariable, nuestros planes. Sí, hay que trabajar organizadamente, pero, cuanto nos reportaría en nuestro beneficio contar con Dios. Si sometiéramos nuestras metas previstas a Su consideración, cuánto fruto tendríamos! Cuando logremos estar a tono con los planes y decisiones del Señor, nuestra buenaventura será grande; siempre buscando hacer lo agradable ante sus ojos, sabiendo que también **"dejar de hacer", es pecado.** Amén.
Señor enséñanos a cabalgar a tu diestra.

Deuteronomio 6.4 **Octubre 8**

Considerado en Las Sagradas Escrituras: "**Amarás a Jehová, tu Dios, de todo corazón, de toda tu alma y con todas tus fuerzas", El Gran Mandamiento**; nada en ninguno de los espacios conocidos, o no, es superior a ello. Él es el **primero, y el fin**, está por encima de todo; mas, ello "tiene que ser así, porque sí", sin una razón lógica que acepte nuestro intelecto. Un cliché impuesto en nuestra mente no beneficia. Por qué Dios es lo primero, y así debemos considerarlo? Respondo con una pregunta: el mundo se creó por casualidad? Quién puede afirmarlo categóricamente? Funciona por normas prefijadas que llamamos leyes naturales, inigualables, cuya alteración conlleva al pago de un alto precio. La ciencia no crea: descubre lo creado, porque también es parte de la creación de Dios; entonces, existe un Creador, quien nos formó y nos amó primero, como cada creador "ama su obra". Llamé a mi nieta de 19 años de edad, y le pregunté: por qué amas a Dios más que a todo? Me respondió: abue, porque sin Él no habría vida, además, Él supo dejar su condición divina para convertirse en humano y compartir con nosotros nuestras miserias humanas, y salvarnos; dio su vida por nosotros en la Cruz, por amor. Él es nuestro Salvador. Mi nieta Sarahí, razona su amor por Dios, nadie se lo impuso; ahí debe radicar siempre nuestro amor hacia Él, por encima de todo. Amén.
El razonamiento lógico nos lleva a la paz espiritual; por amor.

Hechos 3.19 **Octubre 9**

Dios es Amor! (1Juan 4.8), innumerables veces La Biblia recalca el Amor de Dios, cual uno de sus mayores atributos. Amar, fue el nuevo mandamiento que nos dejó nuestro Señor Jesucristo: **"Ámense unos a los otros".** Sin "amor", nada es posible, todo es vano, la vida se convierte en un mero interés; antes que cualquier cosa "sea el amor" (1Co 13.1-13). Hay una general tendencia a endiosar el amor en la pareja, el acto sublime del sexo – como muchos catalogan -, y nada es posible sin amor verdadero. Primero entendamos al amor, luego disfrutemos lo que sanamente Dios pone a nuestro alcance. Gracias Señor por ser **"Amor".** Amén. Danos comprensión Señor para entender tus cosas.

Salmo 30.5 **Octubre 10**

Todos hablamos de **"la misericordia de Dios",** sin embargo, no todos somos capaces de calcular con la debida certeza su eficacia. Hay momentos que Él – Santísimo - tendrá que esconder su rostro de los seres tan abominables, que no

pierden un instante para prevaricar. Mas, su misericordia es eterna, no escatima entregarla cuando media el arrepentimiento y el perdón. Cuando aborrezcamos lo que fuimos, y lo malo que hayamos hecho; así como aprendamos a "amar", "perdonando", la "misericordia de Dios" no tendrá fin para con nosotros. A su nombre gloria! Amén.
Oremos por nuestra paz espiritual.

1 Pedro 1.14, 15 Octubre 11

Cuán importante y necesario es la disciplina! Cuando sé es un infante, es imprescindible, desarrollarse una criatura en un medio donde no exista un orden, es desastroso. Actuar siempre por su libre albedrío conlleva a consecuencias funestas. Pero, no sólo en el niño, el adolescente, el joven, también los adultos necesitamos de esa disciplina: **"Sed santos, porque Yo Soy Santo"** (1Pdero 1.16), dice el Señor. Y qué es ser "santos", tener un status superior en una religión? Para nada, no es un problema de símbolos, vestiduras, etc., como muchos creen, es ser apartado para Dios, cumplidores de su Santa Voluntad, "hacedores y no tan solo oidores de su Palabra". Sometidos a Su disciplina, para bien de todos. La gloria sea para Dios. Amén.
Oremos por la santidad del pueblo de Dios; por aquellos necesitados aún de alcanzarla.

Romanos 6.14 Octubre 12

Si Dios no hubiera entregado su vida en la Cruz, en holocausto por la nuestra, aún viviríamos bajo la dispensación de la ley, sin posibilidades a vencer el pecado; por supuesto un verdadero desastre, muertos irremisiblemente, separados de Dios, pues, la Ley fue nuestra advertencia. Pero, "ya no vivo yo, vive Cristo en mí", dijo el apóstol Pablo. Ahora queda de parte nuestra que el pecado pueda enseñorearse de nosotros, o no, que no pueda reinar en nuestro cuerpo mortal, que nuestro apetito espiritual esté centrado en Cristo Jesús, Señor de todos. Gracias a Su pasión y entrega en la Cruz, vivimos bajo la dispensación de "la gracia", y tener la certeza de sus palabras: "...el que oye mi palabra y cree al que me envió tiene vida eterna, **y no vendrá a condenación,** sino que ha pasado de muerte a vida" (Juan 5.24). Ayúdanos Señor a creer en ti obedeciendo tu palabra! Amén.
Oremos por la restauración de nuestras vidas en Cristo Jesús, Señor nuestro.

Eclesiastés 12.13 Octubre 13

En momento alguno **"temer a Dios",** significa sentir miedo ante su presencia, sino **"respeto";** respeto a quien debemos todo, y debemos serles fiel. Le preguntamos a muchas personas, **si creen en Dios?** La respuesta no se hace esperar: **"sí".** Mas, esa no es la esencia del asunto; al creer en Él, debemos creerle con todo el "respeto que demanda y merece", y "creerle" es estar convencido de su **"Verdad encarnada",** en su Hijo Jesucristo, quien no escatimando ser Dios ofrendó su vida, para que pudiéramos tenerla en abundancia; así, nuestro mayor "temor" (respeto), es cumplir su **Voluntad – sus enseñanzas -;** el fin de todo discurso verdadero. Gracias Señor por tus **"buenas nuevas".** Amén. A Dios sea el respeto, nuestra adoración, y alabanza.

Apocalipsis 3.20 Octubre 14

Aún hay "cristianos" dominados por el orgullo, quienes su ceguera es tan acentuada que han dejado de mirar a Cristo buscando otras motivaciones, quizá, demasiado atractivas carnalmente, pero, altamente nocivas espiritualmente, pues, si no les separa del todo, les aleja del Señor. Mas, aún Cristo continúa llamando en cada puerta de cada corazón "extraviado", o, "no instruido". Él acude a cada persona dándole la oportunidad de **"volver".** El cerrojo de la puerta del corazón es interno, sólo nosotros podemos abrirla, el problema radica en el tiempo, **"no sea demasiado tarde",** y ya no podamos ser su anfitrión. Gracias Señor por tu atención a nuestras vidas. Amén.
Oremos por todas y todas, hermanos (as) en la fe.

Juan 1.5 Octubre 15

Al inicio de la Creación, nos narra el libro de Génesis, lo primero que Dios hizo fue "la luz", y vio que era buena, pues, hizo a un lado las tinieblas. Jesús dijo: **"Yo soy la luz del mundo, el que me sigue, no andará en tinieblas, sino que tendrá la luz de la vida"** (Juan 8.12). La luz de Cristo disipa la oscuridad que trata de envolvernos en las obras del mal. Cristo "brilla" en medio de la oscuridad del pecado, y de aquellos que pretenden opacarlo. Sólo pueden ver la luz de Dios quienes creen en su Palabra, y cumplen su Voluntad divina. Quienes se niegan a creer en Jesucristo son los que aman la maldad y sus placeres perversos, no les conviene que "la luz" de a conocer sus hechos, mas, el que practica la "Verdad", viene a la luz para que su conducta sea testimonio para todos. "Vosotros soy la luz del mundo...", dijo el Señor. Amén.
Mantengámonos siendo testimonio de "la luz" al mundo.

1 Timoteo 2.5,6 Octubre 16

Dios es uno (Padre, Hijo, y Espíritu Santo), Él justificará por la fe a todos los que le creen y hagan su Santa Voluntad. Por la fe, no invalidamos la ley, sino la confirmamos, sabiendo que es nuestra guía de conducta. El propio Jesús hizo esta revelación con hechos y palabras, teniendo en consideración su **"misión redentora";** en su muerte en Cruz hubo una manifestación de su voluntad, de salvar la humanidad, no por la práctica de un determinado dogma, no, por la fe y convicción de su **"resurrección".** A Él sea la gloria! Amén.
Sé, Señor, nuestra alabanza.

Hebreos 7.25 Octubre 17

Tenemos el mayor ejemplo fiel y verdadero de que Cristo entregó su vida por nosotros, como intercesor, para limpiar nuestros feos expedientes absolviéndonos de pecados en la Cruz del Calvario, cuánto más debemos nosotros de interceder con ruegos y oraciones por aquellos sin distinción alguna, pues, Dios no hace acepción de personas, y sobre todo por los hermanos de la fe, que están necesitados de la mano del Señor. Nosotros estamos llamados a ser "instrumentos vivo" de Dios para que muchos sepan el camino por donde transitan, y por el que deben transitar confiadamente hacia el **"trono de la gracia".** Nunca escatimemos anunciar **"las buenas nuevas"** de conjunto con el Espíritu Santo, quien está pendiente de

nuestras acciones; en ello puede estar implícita la salvación de un número de almas. Gracias Señor por darnos la posibilidad de ser útiles en tu reino. Amén.
Pedimos oración por la hmna Juanita Mora; Wilfredo Hernández Leyva y su querida familia, Dios les asista.

2 Corintios 5.7 Octubre 18

Existe un "falso concepto" que muchas personas esgrimen: "vista hace fe". Si para creer el la Palabra y promesas del Señor tenemos que verlas, somos dignos de lástima. Vivir nuestra fe y experiencia en Cristo Jesús nos asegura una madurez espiritual. Experimentar una vida bajo la guianza del Espíritu Santo, deja bien claro, y ratifica, que estamos en lo cierto de que hemos creído. Dice Pablo a Timoteo: **"... Pero no me avergüenzo, porque yo se a quien he creído y estoy seguro de que es poderoso para guardar mi depósito para aquel día" (2 Timoteo 1.12).** Yo particularmente busco razonamientos lógicos en varias esferas de la vida, mas, el Espíritu me ha demostrado, y hecho comprender, cuanto hay de cierto en la Palabra del Señor, y su actuar, en todo momento de mi vida. Él actúa por caminos misteriosos. Gracias Señor por tus muchas veces inexplicable dirección, por certera en todo tiempo. Gracias por todo lo que acontece en nuestras vidas dedicadas a ti. Amén.
Les pido continuar orando por Juanita Mora, Wilfredo Hernández y su familia, la sobrina de Sara, y Nancy Lucía.

Isaías 26.4 Octubre 19

En cierta ocasión la madre de los hijos de Zebedeo se acercó a Jesús y postrada ante Él le pidió: **"Manda que en tu reino mis dos hijos se sienten uno a tu derecha y el otro a tu izquierda"; Él le respondió: "Acaso pueden beber del mismo vaso del que yo he de beber"** (Mateo 20.21,22). Ellos respondieron sin vacilación alguna: **"podemos".** Podemos nosotros que hemos confesado su nombre y afirmamos que le amamos? Acabo de sufrir una tremenda decepción de un hermano muy querido quien aseguraba amar a Dios; hoy una tempestad nada comparable con la que enfrentó Jesús por nosotros lo azotó, y apartó el "vaso" de sus labios recurriendo a "otros medios". **"Tomen su cruz y síganme...",** dice Jesús a los que hemos decidido serles fiel. Cuál es nuestra cruz? Cualquiera... Él es suficientemente poderoso y misericordioso para saber cuando nos debe tender su mano. Mi hermano se pierde porque su confesión no tenía raíces, nunca estuvo convencido de que el Señor es la **única "Roca eterna";** a quién iremos si no a Él? como dijo el apóstol Pedro. Señor danos fuerzas y valor para soportar los embates de la vida terrenal asidos de tu mano, solos no podemos. Amén.
Continuemos orando por Juanita Mora y la sobrina de Sara. Gracias a Dios Wilfredo está de alta de su ingreso hospitalario en Miami.

Isaías 60.3 Octubre 20

Apelando a sus profundas raíces cristianas, José Martí, apóstol de Cuba, dijo: **"El Hijo del hombre murió en la Cruz en un solo día, nosotros tenemos que aprender a morir el la cruz todos los días";** así mismo, Jesús había dicho: **"El que quiera venir en pos de mi, tome su cruz y sígame"** (Mateo 16.24). Una nación requiere cultivar su espiritualidad cristiana, enriquecedora y formadora de valores

éticos y morales, so pena de desmoronarse. Antonio Maceo, dijo: **"Quien no ama a Dios, no ama a la Patria"** (El Papa habla a los cubanos. Juan Pablo II. 1998). Cuánta necesidad tienen "los pinos nuevos" de redimensionar su conducta basada en esos valores. Los seres humanos, más que imperfectos, somos pecadores, necesitamos de una formación y guía que nos conduzca en **"el amor al prójimo"**, educarnos en el **"respeto a Dios"**, sabiendo que en Él hay **"amor"**, pero también **"fuego consumidor"**. Los pueblos necesitan vivir bajo la sombra del **Omnipotente,** muchos no lo comprenden, y yerran, dejando de andar en **"Su luz"**, y los reyes al resplandor de su guianza. Guíanos Señor por caminos de paz y justicia. Amén.
Condúcenos Señor a conocer la Verdad... (Juan 8.32).

Hebreos 10.23 Octubre 21

Cuando Cristo expiró en la Cruz, exclamó: **"Padre, en tus manos encomiendo mi espíritu"** (Lucas 23.46), cumplió su misión, volvió a la Majestad, mas, hay algo en ese acto sumamente importante; **"el velo del lugar santísimo se rasgó dejando abierto un espacio para que todos pudiéramos acudir a Dios libremente"**; nos garantizó un "libre sacerdocio" con la esperanza de poder llegar al Padre, a su presencia, con toda libertad, sin temor, con la mayor confianza, con una sola limitación: **"la santificación; sed santos como Yo Soy Santo, dijo el Señor"**. Si antes los sacerdotes necesitaban someterse a "un proceso de purificación" para entrar al lugar santísimo, hoy tenemos que preocuparnos por llevar una vida pura, santa, de "gloria en gloria", para ejercer nuestro "libre sacerdocio", y estar en la presencia del Señor sin ningún holocausto, ni intercesión, con la esperanza de una vida eterna en el reino de Dios. Amén.
Guíanos Señor en nuestro peregrinar terrenal.

2 Corintios 7.1 Octubre 22

Vivir aislados, considero no es posible, mucho menos rechazar por su comportamiento a determinadas personas, pues, encerrados en una urna de cristal, cómo cumpliremos nuestra misión de dar a conocer nuestros principios y las enseñanzas de Cristo? No lo creo prudente cuando el propio Jesús nos dice: **"Vosotros sois la sal de la tierra..."** (Mateo 5.13). Que nuestro entorno sea insípido, es responsabilidad nuestra. Pero, eso dista mucho del llamado que nos hace de mantenernos **"limpios"**, sin interactuar con quienes no mantengan una vida **"en santidad"**, alejados de Dios. Nuestras relaciones estrechas deben ser con nuestra familia en la fe, y no hablo de denominaciones, todos los que creemos en Cristo como **único Dios verdadero** (1 Juan 5.20), somos hermanos, nos amamos. Dios es uno, la iglesia su cuerpo, un solo cuerpo, todos en su amor. Cuidemos de mantener en nosotros el **"fruto del Espíritu"**, sin contaminación, ni de carne, ni de espíritu, y seamos **"la luz del mundo"**. Amén.
Pedimos oración por la nietecita de Myrna Gutiérrez Osorio, colaboradora de nuestra Pastoral.

Proverbios 22.4 Octubre 23

Este aspecto lo hemos tratado otras veces, pero nunca repasar la palabra de Dios es en vano, pues, ella nos interpela cuando lo hacemos a la luz del Espíritu Santo. En el argot popular temor se traduce en miedo, no así bíblicamente, lo cual, significa una

actitud de **"profundo respeto"**, pero que además incluye **"adoración, amor al Señor, el servicio que brindamos a Él, y la obediencia de sus mandamientos".** Aunque sólo lo hagamos por amor a Él, siempre hay una recompensa, especialmente, honra y vida, a quienes con humildad y corazones postrados ante su presencia cumplen su **"voluntad"**. Jesús dijo: **"...yo he venido para que tengan vida, y para que la tengan en abundancia. Yo soy el buen pastor; el buen pastor da su vida por las ovejas"** (Juan 10.10,11). El temor queda suplantado por el amor. Amémonos de corazón. Amén.
Pedimos continuar orando por la nietecita de Myrna Gutiérrez Osorio, ingresada en Hospital Pediátrico. Por nuestras vidas.

Hebreos 10.35,36 Octubre 24

Ante nuestros ojos se encuentra una atractiva vitrina donde aparece a nuestra disposición muchas cosas bellas, llamativas, apetecibles, hasta codiciables, esperando a las víctimas que se extasían en su belleza, penetren en su interior: la calle, el mundo que nos rodea plagado de miserias humanas. Algunos tenemos la experiencia de tiempos pasados, otros no los han vivido – los más vulnerables -. Dios nos pide ser valientes, esforzarnos, no dejarnos vencer por lo efímero de estos tiempos y continuar el camino; también ser faro, la luz del mundo, que ilumine la senda de los aún débiles y no conocedores del peligro que sobre ellos se cierne. No perdamos la confianza; el Señor nos dio una promesa: **"vida en abundancia"**, perseveremos en su voluntad. Los no experimentados confíen en la palabra de Dios, cuyo mensaje es **"vida". El Señor dice: "...no temas; la paz sea contigo; esfuérzate y cobra aliento"** (Daniel 10.19). Amén.
El Señor nos sustente con su Espíritu.

Proverbios 29.4 Octubre 25

Cuando se tiene suficiente claridad sobre los conceptos de la vida, se vive dignamente, y estamos agradecidos de ese regalo de vivir que Dios nos da, y todo fluye con mayor armonía. La verdadera justicia es de Dios, porque Él es justo en todo. Un pueblo justo siempre ha sido considerado "un gran pueblo", y un pueblo es justo cuando vive por Él y para Él, pero un pueblo pecador deshonra su nación y se aleja de Dios. En el amor de Dios está toda su justicia, Él es fiel, nunca falla. "Amémonos los unos a los otros" (Lucas 10.27). Amén.
Dios, tú eres Santo, guíanos en tu santidad!

1 Corintios 16.13,14 Octubre 26

Estamos "unidos en Cristo", Él nos dio la oportunidad en la Cruz de que nuestro "viejo hombre quedara atrás", y el pecado, las malas ideas, las emociones tóxicas, no pudieran gobernar nuestras vidas. Nada hay más preciado que la vida rendida al Señor, Él es el único capaz de lograr que nos reconciliemos nosotros mismos con todo nuestro ser. Nuestro espíritu entrelazado al Espíritu Santo como un bastión inquebrantable, guía para llevar una vida sana y en rectitud. Como Dios obra con gracia hacia nosotros, hagámoslo nosotros con los demás. La vida es de Dios, Él nos la dio, debemos cuidarla con amor y valentía, obrando de manera agradable a Él, fuertes en la fe. Amén.
Que nuestra vida siempre esté llena del amor de Dios.

Mateo 10.26 Octubre 27

Predicar la palabra de Dios cuando se está preparado para ello e investido del Espíritu Santo, es un acto de suma responsabilidad y total compenetración con el Señor. Los discípulos de Jesús estaban indefensos y expuestos hasta perder la vida cuando lo hicieron, no usaban armas para defenderse, es obvio, ni tenían dinero, pero si mucha "prudencia", cautelosos y sabios, pero sencillos como palomas, es decir, con pureza y obediencia, para ser protegidos y bendecidos por Dios. El Señor nos dice: **"sed mansos como palomas, y astutos como serpientes"**; el mundo de hoy está plagado de malas ideas, la vida se ha tornado difícil, hay que estar preparados, evadir el peligro de los que falsamente pretenden representar al Señor para su conveniencia, pero nunca dejar de **"servir a Cristo".** Cuando se hace **"la obra de Dios",** nada debe temerse... Testificar a otros **lo que Jesús "ha hecho, hace, y hará por los que le aman",** es nuestro mayor privilegio y responsabilidad. Ante Dios no puede haber **"creyentes secretos",** temer o avergonzarnos que somos sus seguidores, nos aparta de Él. Nadie puede mutilar el espíritu consagrado al Señor, ni eliminarlo; **"en la casa de mi Padre muchas moradas hay",** dijo el Señor. **"Esfuérzate y sé valiente. No temas ni desmayes, que yo soy el Señor tu Dios, y estaré contigo por donde quiera que vayas" (Josué 1.9).** Amén.
Nuestro Dios es nuestro amparo y fortaleza.

Romanos 12.1 Octubre 28

Es necesario que alguien nos instruya sobre la conducta que debemos observar, luego de conocer la palabra de Dios y su naturaleza? El Señor dice: **"sed santos, porque Yo soy Santo"** Ser santos significa "apartados para Dios", pertenecientes al redil del Señor. Si Él por su santidad no puede convivir con lo mal hecho, conductas reprobables, acciones abominables, y nosotros nos hemos declarados sus seguidores tenemos que seguir su ejemplo, "sacrificio vivo", ya no es necesario ningún holocausto para limpiar nuestras vidas, Cristo fue nuestro holocausto; Él se entregó voluntariamente a morir en la Cruz del Calvario para libertarnos. Ya nuestra vida no nos pertenece, la entregamos al Señor, mantengamos una conducta agradable a su vista, lejos de toda corrupción; tomemos nuestra cruz y sigámosle en su amor. Amén.
Señor, tú eres nuestra guía y sostén.

Isaías 64.8 Octubre 29

Fuimos creados del polvo, polvo somos ante la presencia de Dios, al polvo volvemos; hechos por sus manos con aliento de vida, cual dádiva de Él. En el Antiguo Testamento vemos como al Creador se le llama **"el alfarero",** oficio muy antiguo, socorrido, y atractivo; así como el alfarero da forma a los productos que hace, Dios también nos da forma a nosotros, independientemente del cuerpo que nos dio, sólo basta con entregar a Él nuestra vida para que Él **"la deshaga",** y vuelva a **"hacerla nueva"** (Jeremías 18. 1-6). Nuevo comportamiento, nueva manera de pensar, donde **"el fruto del Espíritu Santo pueda manifestarse y constituya un vivo testimonio".** (Gálatas 5.22, 23). Fuimos hechos a Su imagen y semejanza (Génesis 1.26), acaso no es sensato volver al punto de partida? Poner todo lo que somos a Su disposición y vivir en su amor. Cuántas veces es necesaria esa reconciliación con **"el alfarero"** que hizo posible existiéramos. Amén.

Guíanos Señor por tus caminos para siempre volver a ti.

Romanos 15.5 **Octubre 30**

Aún no concientizamos todos que nada de lo existente ha sido por nuestras manos y voluntad. Esa **"paciencia y consolación"** que habla Las Escrituras, no la damos nosotros, la da Dios a través de su palabra y el Espíritu santo que se mueve entre nosotros con gemidos indecibles intercediendo por cada uno. Cuando andamos en Él, tenemos un mismo sentir en Cristo Jesús, unánimes para bien de todos. Cuando glorificamos al señor debe ser en **"un mismo sentir",** y con esa misma conducta mantener en nuestras vidas el fruto del Espíritu Santo: amor, paz, paciencia, benignidad... (Gálatas 5.22, 23). Todo lo escrito en La biblia ha sido para que recibamos una valiosa enseñanza y aprendamos a comportarnos en amor delante de Dios y de los hombres. Amén.
La paz del Señor sea con todos.

Romanos 1.17 **Octubre 31**

Qué es la justicia de Dios? Un código que regule el actuar civil, administrativo, penal, laboral, etc., de las naciones? Para nada, eso es función de las autoridades humanas. La justicia de Dios es mucho más abarcadora, es la manera mediante la cual Dios **"nos lleva a ser justos",** tarea de envergadura. Parece simple, pero, si en una inmensa mayoría de los ciudadanos de un país fueran **"justos",** los tribunales humanos tendrían poco trabajo. Apartarnos del mal y lograr una **"relación amistosa"** con el Señor viviendo una vida correcta, es **"alcanzar la justicia de Dios".** El apóstol Pablo dijo: **"el justo por la fe vivirá".** Es agradable a la vista del Señor; vivirá para siempre conforme a Su promesa. Justo y santo, son dos conceptos equiparados, es ser de los que viven **"en otra dimensión"** por su fe, más cerca de Dios. Amén.
Acerquémonos cada día más al Trono de Dios en busca de su justicia.

Mateo 12.18 **Noviembre 1**

Dios obra y nos hace comprender su voluntad de la manera que Él considere oportuna. Lo hizo de una forma muy palpable a través de los profetas. Mediante Isaías, dijo de Cristo, cuando aún no había venido a la tierra: **"He aquí mi siervo, a quien he escogido".** No sólo Hijo, también siervo, no obstante "haber puesto Su Espíritu en Él" (Marcos 1.10, 11; Juan 3.34). Cristo: Dios en carne, anuncio a los judíos de Su manifestación y juicio, y exhortación de arrepentimiento a los gentiles (a nosotros).
Se conoce que los judíos eran muy religiosos, los romanos pragmáticos, y los griegos idealistas, mas, los gentiles, aquella masa irredenta, quedaban fuera, explotados, maltratados, sojuzgados; a nadie le interesaba su relación con Dios, y a ellos sobre todo, vino Dios al mundo en la persona de Jesucristo, a traerles libertad (Lucas 4.18; Juan 8.32). A eso estamos llamados nosotros; el cristianismo no es una religión, el religioso pretende buscar a Dios mediante sus obras, el cristianismo es el propio Dios ofreciéndonos una relación directa con Él, a través de su Hijo Jesucristo. Amén. El Señor sea con todos.

Mateo 5.10 **Noviembre 3**

En muchas ocasiones los seres humanos son perseguidos por distintas causas: por grupos humanos que no comparten las mismas ideas, por hechos pecaminosos, por fanatismo, discrepancias económicas, sociales, políticas, etc., produciéndose problemas en ocasiones de envergadura. Mas, los que por ser "justos, seguir a Dios, practicar su justicia", son rechazados, perseguidos, son "bienaventurados" (1 Pedro 3.14; 4.14). No obstante, Dios nos da valor, fortaleza, dominio propio, para seguir adelante. **"Nada nos ha de separar del amor de Cristo"**. Amén.
Sigamos a Cristo sin temor.

Isaías 25.1 **Noviembre 4**

El libro del profeta Isaías, en los versos del 1 al 5 del capitulo 25 muestra un himno de gratitud a Dios por su pueblo, referido a la derrota de los enemigos y ayuda a los necesitados. En numerosas ocasiones el Señor se manifestó en defensa y socorro de sus escogidos. En correspondencia con ello el Salmo 145 también constituye un himno de alabanza al Dios del universo. Pero, ese Dios que camina junto a su pueblo no deja de hacer por él, con firmeza se manifiesta ante el mismo; como en los tiempos antiguos hay apóstatas, ateos, rebeldes, prevaricadores, malas personas, etc., pero también un remanente que le adora y alaba en sus caminos, que le dice: **"heme aquí Señor, yo estoy aquí",** que le exalta por su grandeza desafiando todo lo que pueda manifestarse en su contra. El pueblo cristiano, ciudadano de la patria celestial, le sigue con valentía. A Dios sea la gloria por siempre! Amén.
Dios es nuestra alabanza.

1 Crónica 16.11 **Noviembre 5**

El rey David preparó un lugar en la ciudad de su mismo nombre para el **"arca"** de Dios y le instaló una tienda. Siempre buscando al **"poder del Señor, al Dios todopoderoso".** Cuando entregamos nuestra vida al Señor, qué es lo primero que debemos hacer? Dejar que Él tome el total control de ella, perpetuamente confiando en su gran poder. Nada es tan importante como ello, ni siquiera el tiempo que mantiene esclavizado a muchos, el tiempo es insignificante comparado con la vida, y la vida es de Dios. En la vida de un cristiano se producen significativos eventos, y pasa el mismo tiempo que en la vida de un pagano, mas, interesa mayormente el **"espacio"** que tenemos delante, el presente y el futuro, no las manecillas del reloj girando alocadamente, el pasado ya no existe, lo que el Señor depara para nosotros, y los malos momentos en que siempre nos socorre. Es preciso recordar que **"cuando Dios manda a hacer",** puede haber tormentas, el enemigo no se resigna a que cumplamos la santa voluntad del Señor, y hasta de entorpecer su desarrollo, pero Él esta ahí, a nuestro lado, tendiéndonos la mano para vencer la tormenta. No hay mayor amparo y fortaleza. **"Si Dios es por nosotros, quién contra nosotros"** (Romanos 8.31). Busquemos el poder de Dios, siempre a Él. Amén.
Gracias Señor por tu presencia en nuestras vidas.

Isaías 40.29 **Noviembre 6**

Sólo necesitamos tener fe, cultivarla hasta lo sumo en el **"poder creador de Dios",** cuando ello sucede y estamos plenamente identificados en Él, donde sea lo primero

sin excepción, y lejos de desviar nuestra atención hacia otros extremos, Él tome el total control de nuestra existencia, reconoceremos que hemos sido "renovados", con nuevas fuerzas para afrontar y enfrentar un mundo a nuestro alrededor lleno de penurias y miserias humanas en aquellos que no conocen al Señor y no "aman", porque **"Dios es amor"**. Pero más aún, constituye un fuerte punto de apoyo en su Plan de Salvación. Él es el único Creador del universo, todo se encuentra bajo su dominio; mientras más cultivamos y desarrollamos nuestra confianza en el **"Señor de la gloria"**, más vigor espiritual tendremos y llevaremos a los que nos rodean. Amén.
Dios es nuestro amparo y fortaleza.

1 Juan 1.7 Noviembre 7

Conocí el caso de una persona "muy religiosa", de esas que si no recitas el texto bíblico de memoria, o no le llamas a Dios "Jehová", somos falsos, pero además su religión es la "única y verdadera". Sin embargo, su anciana madre, hoy día, está enferma, sola, necesitada, y, no asume la posición de hija que debe asumir. De qué Jehová me habla? Tenía necesidad Jesús de ir a la Cruz y derramar su sangre por nosotros para que siguiéramos siendo miserables? En lo absoluto, lo hizo por amor. Si pretendemos andar el luz como Él, su sangre tiene que habernos lavado, no porque lo manifestemos haciendo comparaciones vanas, sino teniendo comunión unos con otros, amándonos con la libertad que el Señor nos dio. Hay que sentirse amarrado a dogmas que laceran la espiritualidad para seguir y amar a Dios? El cristianismo no es una religión, "es Dios ofreciéndonos una relación con Él, a través de su Hijo Jesucristo"; rotas las cadenas que nos oprimían. **"La Verdad" nos hizo libres** (Juan 8.32). Si no amamos al prójimo, y a todos los de la familia de Dios, sin distinción, entonces si somos falsos, no hemos sido lavados en la sangre derramada en la Cruz, aún continuamos transitando en las tinieblas, sin ver la luz. Amén.
Acompañamos con profundo sentimiento a Sara y familia por la pérdida física de su sobrina, recordando siempre la grandeza y misericordia de Dios. Él les acompañe.

Proverbios 12.25 Noviembre 8

Muchos dicen: quizá lo han tomado de La Biblia, **"el reflejo del corazón es el rostro".** Se ha dicho que el corazón es el centro de las emociones, y cuando hablamos de él, estamos hablando de la vida en sentido bíblico. También Proverbios 17.22 dice: **"un corazón alegre es la mejor medicina; un ánimo triste deprime a todo el cuerpo".** Ayer estudiaba algo de agnosticismo; algunos creyentes han abrigado una posición que parte de esos mismos principios, creen en la existencia de Dios, pero su fe es irracional, rechazan la apologética (uso de argumentos razonables para explicar y defender la fe), sólo creen en la existencia de un "ser supremo", no van más allá de las sensaciones. Dios siempre es el mismo, inmutable, vela por todos, dirige nuestras vidas. Cuando nos abandonamos a Él, es quien toma el control total, pero tenemos que aprender a no entorpecer su actuar. Cuando le damos toda la libertad para que Él dirija, es para que sea quien dirija "todo" lo que acontece, si así no lo hacemos interrumpimos su labor, nos agobia las preocupaciones, el ánimo se afecta y nos invade la tristeza, entonces se entorpece nuestra alabanza y adoración, la confianza mengua, y nuestra espiritualidad se desvanece. Confiar en Dios y permitir que Él haga su parte se convierte en alegría, gozo, y paz. Amén.

El Señor es por todos y para todos los que le aman.

Lucas 12.3 **Noviembre 9**

El verso del Evangelio de San Lucas de hoy se refiere a la conducta y comportamiento; el texto contenido en ese mismo capitulo, versos del 1 al 3, Jesús hace una advertencia sobre el accionar de los fariseos. Específicamente señala su falsedad encubierta por su hipocresía. Ello nos previene sobre nuestro comportamiento el cual debe ser **"transparente";** todo lo que se haga a espalda de los demás, en la oscuridad, un día será conocido, se oirá a plena luz, porque lo que se hace de tal manera, no es bueno. Estamos llamados a ser **"la luz del mundo",** la luz no se pone debajo de la mesa, ni de la cama, sino donde pueda alumbrar y beneficiar a todos con su resplandor. Nuestro actuar será siempre **"limpio, transparente";** así el testimonio de cada uno ha de ser **"la antorcha que guíe en la oscuridad".** Amén.
Señor, guíanos para ser guías.

Mateo 5.7 **Noviembre 10**

Hay personas que refieren debe ayudarse a sus semejantes por humanidad, pero, Dios puso en la vida algo más que humanidad. Los primeros seres humanos pecaron desobedeciendo al Señor y su caída fue estruendosa repercutiendo hasta hoy en nosotros. No obstante, a esa humanidad que se apartó de Él, la tuvo en cuenta en sus Planes y decidió seguirla, instruirla sobre sus cosas mediante la Ley u los profetas, para luego venir al mundo en forma de hombre a través de su Hijo Jesucristo, mas con su Espíritu, y entregar su vida en sufrimiento y muerte, por nosotros, para que tuviéramos la oportunidad de **"volver a ganar el reino",** ser salvos, gozar de su amor y paz, no cuando nos llegue la hora de partir, desde ahora en que le entregamos nuestra existencia. Eso es **"misericordia",** amor sin medidas a la creación, y a su parte de mayor importancia, **"su especial tesoro",** como dijo Dios, la humanidad que llevó al martirio y muerte a Jesucristo. El Señor llama misericordioso al que ame sin medidas como Él amó, para darnos la dádiva de su misericordia. Amén.
Gracias Señor por ofrecernos tu misericordia.

Zacarías 14.9 **Noviembre 11**

No existe en el universo poder más grande que el de Dios. El mundo lucha por el poder político, económico, y militar; las grandes potencias cada vez buscan su ensanchamiento, los estadistas en muchos casos obvian el **"poder sempiterno"**, otros, simulan estar con Él. Los ateos no creen, los agnósticos están indecisos; existen religiones aferradas a doctrinas de hombres, idolatría, desconocimiento del Dios verdadero y único, cultos carentes de adoración y alabanza al Señor, ausencia de la manifestación del Espíritu Santo, Dios dice: **"...grande es mi nombre ante las naciones..."** (Malaquías 1.11), para Dios mil días puede representar uno para nosotros y viceversa, el tiempo es exclusivo de Él, mas, cuando llegue **"el Día del Señor",** su declaración será universal: **"...Él reinará sobre toda la tierra, será el único Señor, y su nombre, el único nombre"** (Zacarías 14.9). Cuán grande es el poder que pueda el hombre que cuando muere nada podrá aprovechar? Jesucristo

es el único camino que ofrece **libertad, salvación, y vida en abundancia perpetuamente.** Amén.
Tú eres, Dios, el único gran poder por los siglos.

Jeremías 54.10 Noviembre 12

He hablado del Dios que camina con su pueblo. Dios viviente, verdadero, poderoso, inmutable; Él dijo: **"El cielo y la tierra pasarán, mas mi palabra no pasará"** (Marcos 13.31). El Señor eligió al pueblo de Israel como sus escogidos, su pueblo; allí, nació la Iglesia de Cristo **"el Día de Pentecostés"** 8Hechos 2); hoy esa Iglesia es su pueblo amado. Las promesas de Dios no son mutables, se mantienen. Lo prometido a su pueblo, es promesa a nosotros en la actualidad. **"Podrán deshacerse los montes, haber terremotos, mas, Su misericordia nunca se apartará de nosotros. Su pacto es perpetuo..."** (Jeremías 54.10). Pero, la insensatez de los hombres los separa de la gloria del Señor. Su pueblo, su Iglesia, debe mantenerse firme en sus estatutos, en sus promesas, en sus enseñanzas. Cristo dijo: **"he venido para que tengan vida en abundancia** (parafraseo)**". "Venid a mi todos los que estén trabajados y cargados, que yo los haré descansar"** (Mateo 11.28). Él es el camino, si permanecemos en Él, **Él es fiel,** y permanecerá en nosotros. La vida se ha tornado difícil en muchos aspectos, mas, si confiamos en Él seremos más que vencedores. Amén. Suya es la gloria, nuestro el camino.

Jeremías 33.3 Noviembre 13

Cuando somos pequeños y tenemos una necesidad llamamos, y corremos donde nuestro padres para que ellos nos ayuden, o nos saquen del problema. Dios le dijo a su pueblo; **"Clama a mi, y yo te responderé; te daré a conocer cosas grandes y maravillosas que tú no conoces"** (Jeremías 33.3). Él está puesto en lugar de nuestros padres, y por encima de ellos, siempre está atento a nuestro clamor, el clamor de sus hijos. **Nos escuchará cuando clamamos?** Los que le siguen con fe y se abandonan a Él con la total confianza de que **Él hará**, pueden estar convencidos de que **"les escucha"**; sucede muchas veces que nuestra reducida mente, comparada con la del Señor, no comprende su respuesta, que quizás no nos agrade, pero si viene de Él es la que conviene. En la aceptación y cumplimiento de su voluntad radica la esperanza de que seamos escuchados. Si nos abandonamos al Señor entregándole nuestra vida para que Él mediante su Espíritu Santo la dirija, sus oídos y sus ojos siempre estarán sobre nosotros, por supuesto, ello tiene un costo que asumir. **Qué cuesta seguir a Cristo?** hay que poner todo a su disposición, Él dijo: **"...Y el que no lleva su cruz y viene en pos de mi, no puede ser mi discípulo"** (Lucas 14.26,27), he ahí lo que cuesta seguir a Cristo, **mas, la recompensa es grande.** Amén.
Señor, clamamos a ti, ayúdanos a seguirte.

Nahúm 1.7 Noviembre 14

El Señor es bueno, es refugio al caído, mas, conoce a quienes en Él confían. **"Confiar",** es el verbo nuclear fundamento de nuestra fe. En la reflexión de ayer hice referencia a ello **"Ya no vivo yo, vive Cristo en mí",** dijo el apóstol Pablo; bella frase que a muchos nos agrada decir, pero, la hacemos realidad? Dice el libro de lamentaciones 3.25: **"Es bueno el Señor con quienes le buscan, con quienes en Él esperan".** Dos nuevos verbos nucleares **"buscar", "esperar".** Le buscamos en

todo tiempo, no solo en el momento de la angustia? esperamos pacientemente su respuesta, sea la que El considere? Aceptamos su decisión? Vivir en Cristo, y Él en nosotros es un compromiso muy grande, es dejar a un lado nuestro **"Yo"**, y darle paso al Señor para que Él gobierne y dirija nuestra existencia totalmente. Dice el Señor: **"Yo soy el buen pastor, el buen pastor da su vida por sus ovejas"** (Juan 10.11). Estamos dispuestos a entregar nuestra vida de tal manera al Señor? Ya Él la entregó por nosotros en la Cruz para redimirnos, ahora la respuesta es nuestra, no de palabras, ni de pensamientos, sino de corazón, para que Él sea nuestro **"buen pastor"**. Amén.
Señor danos fuerzas y valor para negarnos a nosotros mismos, tomar nuestra cruz y seguirte incondicionalmente.
Pedimos a la comunidad cristiana orar por el Dr. Rolando Mora González y su familia en el amor de Cristo, lo necesitan.

Lucas 23.34 Noviembre 15

Hace unos días una hermana en la fe me preguntó: "ustedes le permiten a cualquier persona venir a la iglesia?" Mi respuesta: "la iglesia no puede cerrar sus puertas a nadie". Pues, si esa persona antisocial viene a la iglesia, yo no vengo más - me contestó -. Fue un aguijonazo para mí que tanto he predicado sobre el **"perdón"** y la función de la iglesia creada por Cristo. Cuál fue la expresión del Señor cuando lo crucificaron: **"Padre, perdónalos, porque no saben lo que hacen"** (Lucas 23.34). Hay alguna ofensa, maltrato, agresiones, etc., mayor que la cometida con **Jesús** en su cruel sufrimiento y crucifixión? Sin duda alguna, ninguna, sin embargo Él perdonó. Sólo no tiene perdón la blasfemia contra el **Espíritu Santo** (Mateo 12.31). Decimos que amamos al prójimo, somos cristianos, seguidores de Cristo; cómo entonces se puede vivir con el remordimiento del recuerdo? Cómo llevar a los demás **"las buenas nuevas" de la salvación**, y ganar almas para el Señor. Indudablemente es necesario una entrega total al Señor, profundizar más en su palabra, y conocer con seguridad el rol que desarrolla ante la comunidad la iglesia. Dijo la madre Teresa de Calcuta: **"Si en verdad queremos amar, tenemos que aprender a perdonar".** Amén.
Solicitamos a la comunidad cristiana oración por el esposo de Migdalia Aballe.

2 Pedro 3.14 Noviembre 16

Esperamos la promesa: cielo y tierra nueva, donde reine la justicia. Mientras la palabra de Dios no haya sido cumplida en ese sentido, qué nos dice las Escrituras Sagradas? **"Hagan todo lo posible para que Dios los encuentre en paz, intachables e irreprensibles"** (2 P 3.14). Una indicación de enorme envergadura cuando hoy vivimos en un mundo de valores humanos deteriorados, corrupción, blasfemia, apostasía, por citar algunos ejemplos que corroen el honesto vivir, y que ha trascendido incluso hasta nuestra familia cristiana en aquellos débiles de espíritu, cobardes, sin valentía suficiente. A veces estas cosas, temiendo excederse en ser demasiado duros, no se abordan, mas, dijo Dios: **"Yo estoy contra los profetas que hablan con dulzura, y luego afirman que yo he hablado"** (Jeremías 23.31). Las cosas hay que llamarlas por su nombre, a nadie se ayuda con paños tibios cuando hay que intervenir quirúrgicamente. Cuando el apóstol Juan fue llevado en el espíritu ante la multitud de ancianos vestidos de ropas blancas, uno de los ancianos le preguntó: quiénes son? De dónde son? Fueron los salidos de la gran tribulación.

Los que lavaron y emblanquecieron sus ropas en la sangre del Cordero (Apocalipsis 7.13, 14). En todas las épocas ha habido situaciones parecidas a la que hoy vivimos, mas, en todas las épocas también existieron personas firmes en la fe que "vencieron" las tribulaciones, porque entregaron sus vidas a Jesucristo (el Cordero de Dios). **"Bienaventurados los que lavan sus ropas (en la sangre redentora del Cordero), para tener derecho al árbol de la vida (la eternidad) y para entrar por las puertas de la ciudad (la nueva Jerusalén)"** (Apocalipsis 22.14) Amén.
Continuamos solicitando oración por el esposo de Migdalia Aballe, Juanita Mora, Nancy Lucía, Martha Avilés, y José Fuentes y familia.

3 Juan 3 Noviembre 17

El anciano (apóstol Juan), dirige su tercera epístola a Gayo, al hermano a quien ama. Le desea que "sea prosperado en todo, que tenga salud, y que su alma prospere". Qué reconfortantes deseos de parte de un apóstol de Cristo! Pero, hay más, Juan "se regocija mucho", cuando hubo hermanos que vinieron a él y dieron testimonio y dieron testimonio de su fidelidad, y de cómo Gayo anda en la verdad. Cuánto gozo hubo en el corazón del apóstol! Así siente el Señor cuando sus hijos andan en la "verdad", en sus caminos, en sus enseñanzas, comportándonos como Él nos enseñó, en amor, y que seamos un **"vivo testimonio"** para quienes nos ven. No nos damos cuentas, pero quienes nos rodean, nos observan para luego comentar, en un gran porciento. Qué doloroso cuando exclaman: y eso que es cristiano! Esa frase contrita al Espíritu Santo, porque hicimos algo, por lo general, merecedor de esa evaluación. Mas, que satisfacción para el Espíritu cuando testimonian de nosotros como lo hicieron con Gayo, y el Señor engrandezca nuestra espiritualidad. Seamos luz para el mundo, faro en la oscuridad, para que nuestro actuar sea huella que lleve hasta Cristo (Mateo 5.14). Amén.
Continuemos orando por el esposo de Migdalia Aballe, y el regreso del Dr. Rolando Mora, y su esposa Lic. Mariela Aballe, a su hogar, hermanos en la fe.

1 Juan 4.18 Noviembre 18

Tenemos que partir de un principio: "Dios es amor" (1 Juan 4.8), por tanto, el que no ama no conoce a Dios, no ha sido perfeccionado en el amor, no ha comprendido realmente a Dios, por cuanto, el amor es el mayor atributo del Padre, por el cual, entregó a su Hijo unigénito a la muerte en la Cruz por nuestra redención (Juan 3.16). La palabra dice que **"el perfecto amor echa fuera el temor, porque el temor lleva en si castigo"** (1 Juan 4.18). Mas: **"No nos ha dado Dios espíritu de cobardía, sino de poder, de amor y de dominio propio"** (2 Timoteo 1.7). Cultivemos el perfecto amor, el de Dios. Amén.
Mantengamos en oración al esposo de Migdalia Aballe.

Gálatas 1.10 Noviembre 19

Una gran experiencia en mi vida es poner todas las cosas que debo hacer, afrontar, o enfrentar, en conocimiento del Señor, en obediencia a Él, y buscar sabiduría, la cual, viene de lo alto. Cuando falleció mi esposa, pasados unos meses, se me acercó una hermana de la Iglesia Bautista "Maranatha"; me dijo: hermano entregue su vida a Cristo. Aquello me fue muy mal, me dije: cómo esta hermana me dice eso cuando hace tantos años mi vida pertenece al Señor? Me puse mal, oré; mas, al pasar un

tiempo corto, comprendí que ella tenía razón, estaba en muy mal estado espiritual y psicológico, tratando de enfrentar la situación solo, entonces, me reconcilié con Cristo, le entregué el timón para que Él guiara y volví a salir a flote. A quién tenemos que agradar, a Dios o a las personas? Hay muchos de los que nos rodean con muy buenas intenciones, pero el capitán de nuestra barca es Jesús, su Espíritu Santo, Él guía y nos da justamente lo que necesitamos. He puesto un ejemplo en una anécdota propia, pero, en todos los momentos de la vida, el Señor está presente. De quién entonces buscar el favor? Acaso no hemos entregado nuestras vidas a Cristo, entonces, a quién debemos agradar? En ello radica la esencia de una verdadera vida cristiana; nunca dejar en segundo plano al Señor, Él es todo, y para todos! Dijo el apóstol Pablo en Filipenses 4.13: **"Todo lo puedo en Cristo que me fortalece".** El hombre no tiene potestad alguna sobre la vida (Eclesiastés 8.8), sólo Dios, a Él debemos agradar. Amén.
Continuemos orando por el esposo de Migdalia Aballe, y por Flor Teresa; por la salud de ambos.

Santiago 1.13 Noviembre 20

Soportar la tentación. El apóstol Santiago en muy claro al respecto; nosotros "conociendo" la palabra de Dios, debemos serlo también. No falta quien confunda la tentación con las pruebas. Por su esencia y naturaleza santa, Dios no tienta a nadie, Él conoce nuestros pensamientos cuando nos da una misión que puede ser una prueba a nuestra resistencia, también nos da la fortaleza necesaria para cumplirla, por eso, todo lo que el Señor nos mande, debemos cumplirlo. La tentación procede de nuestro **"yo"**, de nuestro interior, de nuestra personalidad aún débil en su espiritualidad, y falta de entrega total para que el Espíritu Santo sea quien conduzca nuestras vidas. Cuando cedemos ante el deseo morboso, contrario a los estatutos del Señor caemos en pecado por causa de la tentación, y el pecado nos separa de nuestro Señor. Proclamamos bastante el amor de Dios, su perdón, su misericordia, y es cierto, pero Dios también es muy celoso y justiciero; no es bueno predicar un evangelio de complacencia, hay que llamar las cosas por su nombre, lo mal hecho, es mal hecho en todo tiempo, el pecado es cultivo de las tinieblas. Debemos saber diferenciar bien entre la tentación, el pecado, y la prueba. Guardarnos de las acechanzas de las tinieblas, y ser veraces. (Jeremías 23.31). Amén.
Mantengamos en oración al esposo de Migdalia Aballe, y a Flor Teresa, por su salud quebrantada. Por la iglesia de Cristo.

1 Juan 4.15 Noviembre 21

Doy gracias a Dios, pues, ayer me dio la inesperada oportunidad de participar en varias conferencias bíblicas en el espacio El Faro 2019 con los hermanos del Movimiento Cru Cuba en su cosmovisión cristiana, muy edificante y enriquecedora espiritualmente. Hoy la cita bíblica nos lleva **"al conocimiento de Jesús"** en 1 Juan 4.15; he conocido varias personas que cuando le pregunto si conocen a Jesús, sólo saben su nombre, hasta ahí llega su conocimiento. Otros lo han calificado como un hombre revolucionario que estuvo al lado de los pobres; así sencillamente. La humanidad necesita conocer a Jesús - el Jesús de la historia y divino -. Es necesario que lo presentemos a muchos como el único Dios verdadero, redentor de nuestras vidas (1 Juan 5.20), cumplir con la Gran Comisión (Mateo 28.19), aprovechar toda oportunidad, familiar, social, laboral, etc., para decir a los demás **que hizo Jesús por**

nosotros los que le conocemos íntimamente, que está haciendo, y fundamentalmente, **qué hará?** cuando abandonemos este mundo. Desde el Génesis hasta el Apocalipsis la Biblia es cristocéntrica. Por medio de Jesucristo todas las cosas fueron hechas (creadas), sin Él nada de lo hecho llegó a existir. Vivimos en un mundo convulso, el ser humano necesita ocupar el vacío de su corazón, sólo Cristo puede hacerlo, es necesario presentarlo a los demás, confesarlo, tal y como es (1 Juan 5.20), e invitar a seguirlo para redención de todos. Amén.
Oremos por el esposo de Migdalia Aballe, por Flor Teresa, y por aquellos que aún no conocen a Jesús.

3 Juan 1,2 Noviembre 22

En su tercera epístola, nuevamente el anciano (Juan) se dirige a su querido hermano Gayo, ora por sus asuntos, su salud, pero especialmente **"prospere espiritualmente".** Así como nosotros debemos preocuparnos los unos por los otros; el apóstol lo hizo de una manera ferviente observando el mandato de Jesús: "ámense unos a los otros". El punto de mira del apóstol siempre fue puesto sobre **la "espiritualidad" de los cristianos, de la iglesia en su conjunto.** Crecemos espiritualmente, siempre que nos mantengamos unidos a Jesús, como la planta y sus ramas, alimentándonos de su savia. Alcanzamos nuevas dimensiones en nuestras vidas cuando miramos a Jesucristo como nuestro guía y **"redentor"**, Dios venido en carne, en ejecución de su Plan de Salvación para la humanidad. Juan estuvo preocupado por la adoración de sus hermanos a Jesús, porque no perdieran de vista sus enseñanzas, y rechazaran a los engañadores, esos que aún manifiestan no reconocer **al Señor en su humanidad y divinidad,** en cumplimiento de su misión redentora. Hoy corremos también ese peligro, mas la solución de todas las enfermedades espirituales, de las miserias humanas que padece la sociedad está en Él; es Él, únicamente Él, quien puede solucionarlas, sigámosle y adorémosle en espíritu y en verdad (Juan 4.23). Amén.
Jesucristo es nuestra única esperanza y salvación.

Mateo 6.19 Noviembre 23

Hoy la cita bíblica nos convoca, nos interpela, a reflexionar sobre el desempeño de nuestra vidas; Jesús dijo: **"No acumulen para si tesoros en la tierra..."** (Mateo 6.19). Él no quiso decir que no tuviéramos prosperidad, para nada, mas, hay una verdadera prosperidad, cuál? Emily, dueño de tiendas mixtas, rico, no carecía de nada, pero, nunca se preocupó por tener una amistad con Cristo; murió sólo en el hospital atendido nada más por una persona que la familia le pagaba para que fuera a asearlo en las mañanas. Pepe, propietario de finca y viviendas, con bastante dinero, pero alejado de su familia y del Señor, murió sólo entre animales. Cuál habrá sido el destino de estas personas que se deleitaron con sus bienes en la vida terrenal, pero lejos del Señor? Dios no nos ha dado la facultad de asegurarlo, creemos no han de morar con Él, mas, ha sido muy claro en su palabra: **"Busca primero el reino de Dios y su justicia, y todo lo demás será añadido", dijo Jesús".** El Señor no es contrario a que tengamos bienes y vivamos desahogadamente, pero, Él debe ser el primero en nuestro existir; a Él sea la gloria. De ello se desprende el amor al prójimo. Amén.
El Señor sea nuestro amparo y fortaleza en todo momento, a Él entreguemos todo.

1 Juan 3.16 Noviembre 24

En esta porción de la palabra de Dios encontramos la mayor de las manifestaciones del amor:**"Jesús entrega su vida por nosotros"** (1 Juan 3.16). Varios son los ejemplos que acuden a mi mente: José Martí por Fermín Valdés Domínguez; el Papa Juan Pablo II por su victimario; el cacique Hatuey por su pueblo; las madres y padres que están dispuestos a dar su vida por sus hijos; quienes defienden una causa justa a costa de sus vidas; pero nunca es comparable a la decisión de Dios, quien siendo el **Supremo Soberano**, vino a la tierra encarnado, en un hombre, en su Hijo amado Jesucristo. Presentarse ante aquella masa de fanáticos y pecadores con un envoltorio de carne y huesos; el más grande acto de humildad y compasión por la humanidad perdida irremisiblemente para darle la oportunidad de la salvación. Jamás existirá una acción de amor comparable para salvación de muchos y para perdición de quienes no aceptan a Jesús en su corazón (Lucas 2.34).Es la única manera de sanar la humanidad enferma del espíritu, las ciudades, la sociedad. Qué objeción podríamos argumentar para no entregar nuestra vida al Señor? Él la entregó primero, en horrible sufrimiento a la muerte en la Cruz, manifestando así su gran amor, su misericordia por todos. Él no amó primero incondicionalmente. A Él sea la gloria. Amén.
Demos a conocer al mundo este amor incomparable de Jesús por nosotros, para salvación de la humanidad.

Proverbios 13.20 Noviembre 25

Buscamos llegar a la plenitud del conocimiento terrenalmente; en el desempeño de la profesión u oficio el hombre se esfuerza por dominar lo que hace, cómo lo debe hacer? Pero, muchas veces se olvida de la sabiduría, la verdadera sabiduría que viene de lo alto. Es por ello que hablamos de cada día vivir en una **"nueva dimensión que nos acerque más al Señor"** a través de su Espíritu Santo. Acostumbramos a llamar "sabios" a aquellos que dominan grandes conocimientos. Estamos equivocados; el conocimiento se adquiere mediante estudios, acciones prácticas, la lectura, viajar, etc.; la sabiduría la da Dios, y Él no la da para hacer el mal, sino para el bien. **"El que anda entre sabios será sabio, pero el que se junta con necios saldrá mal parado"** (Proverbios 13.20). Y quién es necio? El que rechaza a Dios, el agnóstico, el ateo, el que no acepta las enseñanzas de Jesús, el que con su actuar y vocabulario corroe la dignidad y la moral, mas, el sabio busca andar conforme a las enseñanzas del Maestro (Jesucristo). La palabra de Dios es rica en sabiduría, todo el que la escudriña y cumple, gana para el enriquecimiento de su vida y de los que le rodean. Profundizar en ella y cumplirla ayuda a la sociedad a curar las enfermedades espirituales que hoy estamos padeciendo y afectan el buen vivir. Has pensado en los que van subiendo, hijos, nietos, sobrinos, en las futuras generaciones, en el hombre nuevo, en un mundo mejor, sólo Cristo tiene la respuesta. Amén.
Seamos sabios en nuestra conducta.

2 Co 12.9 Noviembre 26

En el planeta tierra nos enfrentamos a una vida material donde existe necesidades, hambre, enfermedades, miserias de todo tipo, etc., mas, colateralmente a ello un mundo espiritual. El Señor nos ha dado la oportunidad de pertenecer a la patria

celestial, el reino de Dios está entre nosotros, una dádiva. El dijo: **"... en el mundo tendrán aflicción, pero confíen, yo he vencido al mundo..."** (Juan 16.33). Cuando nos acercamos a Dios, no es para negociar con Él; "yo te doy, y tú me das"; yo te entrego mi vida, a cambio tú no dejas que tenga necesidades, esté enfermo, etc., **NO,** en lo absoluto. Rendimos nuestras vidas al Señor para que Él determine qué hacer con ellas. Dios es suficientemente poderoso y misericordioso para darnos oportunamente lo que necesitamos, no porque le exijamos un trueque; **"...bástate mi gracia..."** (2 Co 12.9), le dijo a Pablo después de haber pedido tres veces le quitara el aguijón de la carne. **"Mi poder se perfecciona en la debilidad".** Sobre nuestra debilidad está la gracia de Dios, aquí, hoy, entre nosotros, que nos mantiene para que cumplamos su voluntad. **Por amor a Cristo nos crecemos ante toda situación,** no exigimos al Señor nada, seguimos la buena batalla de la fe, y esperamos su recompensa que es con toda seguridad. Amén.
A ti sea la gloria Jesús.

Salmo 100.4 Noviembre 27

"Entren por sus puertas con acción de gracias..." Las puertas de los atrios del Señor siempre están abiertas para todo el que desee llegar a Él; nunca rechaza a alguien, como su iglesia recibe a todos; con acción de gracias trabajar para que el Espíritu Santo haga "la obra redentora". Pueblo suyo somos, sus instrumentos. El Señor es bueno, misericordioso, no solo mantiene abiertas las puertas para que con corazones puros y manos limpias podamos llegar a Él; también visita las personas, llega a sus puertas y llama (Apocalipsis 3.20). Alabar al Señor con himnos y adorarle con acción de gracia es nuestro deber, siempre enalteciendo su nombre, no sólo reconocer que Él es Dios, sino engrandecerle. El símbolo **"puerta"** es muy significativo en La Biblia; Jesús dijo: **"Yo soy la puerta...".** Él espera por nosotros.
Solicitamos oración por el esposo de Migdalia Aballe, Flor Teresa, e Isabel la esposa de Idilio. Amén.

1 Crónicas 16.34 Noviembre 28

Un Salmo en el primer libro de Crónicas; el rey David decidió que Asaf y sus parientes dirigieran las alabanzas a Dios, un acto de acción de gracias al verdadero Rey **¡Aclamen al Señor...! ¡Vuelve a reunirnos...!** Desde tiempos remotos Cristo ha tratado de reconciliarnos; por Él y para Él fueron hechas todas las cosas, todo lo creado, nosotros la parte más importante de la Creación, a quienes se nos encomendó la administración y cuidado de la tierra, y todo lo que en ella existe, abiertos nuestros corazones a su presencia. Hoy la palabra nos recuerda que somos hechura suya, su **"especial tesoro".** Debemos estar juntos, reunidos en un mismo sentir, guiados por el **Espíritu Santo,** alabándole y adorándole. Amén.

Juan 3.17 Noviembre 29

Para el que cree en el Hijo de Dios no hay condena. La **Luz** (Jesucristo) vino al mundo, mas, el mundo prefirió las tinieblas. Precisamente conversé sobre este tema con algunos conocidos. Nosotros somos los que nos condenamos cuando rechazamos al Señor; Él vino a rescatar la humanidad perdida. A muchos asombra como se están cumpliendo las profecías, lo señalado en las **Sagradas Escrituras**, la conducta de los que no le conocen, de los que no creen en Jesús. Creer significa

seguirle, cumplir sus enseñanzas. No es mi interés lo que el hombre me quiera prohibir, es lo que me prohíbo yo cuando conozco como el Señor desea que sea. Estar identificados con Jesús significa su aceptación y obediencia, ser mejores personas en todos los sentidos de la vida, amarnos, servirnos, verter nuestras experiencias con Cristo para que los demás le conozcan. Él vino a la tierra por nuestra causa, para absolvernos de nuestra condenación, su sangre derramada en la Cruz nos limpia de pecado, está de nuestra parte no contaminarnos. Amén.
Él nos amó primero.

Isaías 40. 3 - 5 Diciembre 1

Fue el mismo Dios quien declaró al profeta Isaías la consolación de su pueblo y su reivindicación de sus pecados; ordena una proclama: **"Preparen camino para el Señor; un sendero para Dios. Se levanten todos los valles y se allanen los montes y colinas; el terreno escabroso se nivele y se alisen las quebradas. Será entonces cuando se revele la gloria del Señor y la verá toda humanidad"** (Isaías 40. 3 - 5). El Señor muestra la realización del consuelo que habla. Para nosotros lo hizo a través de Juan el Bautista (Mateo 3.3), todo un proceso para la llegada de Cristo. La senda del **"justo"** debe ser llana, sin obstáculos para Dios. En su gloria Él redimirá su pueblo. **Estamos preparados para esa redención?** Hemos sido llamados por el Señor a transitar de **"gloria en gloria"** en nuestro peregrinar por el mundo en nuestra misión hasta llegar a su definitiva y única **"gloria"**. Hoy tenemos ese consuelo y esperanza, sigamos junto a Jesús el camino por Él trazado. Su gloria será vista por toda la humanidad, pero no para todos, sino para quienes con firmeza le siguieron. Amén.
Sigamos sus huellas!

Efesios 2. 8, 9 Diciembre 2

Por las obras buenas que se hagan solamente, nadie puede obtener la salvación. Este pasaje de la carta a los Efesios es muy importante, nos dice certeramente como obtener la salvación. Y realmente sólo puede obtenerse por la bondad de Dios, por su gran amor; es un favor que no merecemos, por cuanto, todos somos pecadores. Si por nuestras propias gestiones obtuviéramos el derecho a la salvación, ello diera lugar al enaltecimiento y orgullo no sano. Sólo la fe en nuestro Señor Jesucristo es el medio para que obtengamos la justicia de Dios, y por ende, la salvación. **Jesús dijo: "Mi Padre me ha entregado todas las cosas. Nadie sabe quien es el Hijo, sino el Padre, y nadie quien es el Padre, sino el Hijo y aquel a quien el Hijo quiera revelárselo"** (Lucas 10.22). Mas, si estamos en el Hijo, Jesucristo, entonces sabemos que es el único Dios verdadero, por quien fueron hechas todas las cosas, quien puede salvarnos por su gracia (1 Juan 5.20). Amén.
Siempre estemos en Jesús.

Mateo 6.3 Diciembre 3

Está claro que no por obras somos salvos, pero nuestra condición de cristianos no nos permite dejar de servir al prójimo en su oportunidad (Marcos 9. 33 - 37). Mas, cuando hagamos buenas obras, debemos hacerlas en secreto, sin anunciarlas. Olvidarnos de lo que hicimos, pues, no lo hacemos buscando un pago por ello. Dar

libremente, por amor del Señor; así como Él nos da a nosotros. Dar con el corazón, porque nuestra recompensa viene de Dios (Lucas 14. 13,14). Amén.
"Más bienaventurado es dar que recibir" (Hechos 20.35).

Isaías 26.9 Diciembre 4

No sólo somos hechura divina, la parte más importante de la Creación, especial tesoro; como dice el pasaje bíblico que nos ocupa: **"Todo mi ser te desea por las noches; por a mañana mi espíritu te busca. Pues cuando tus juicios llegan a la tierra, los habitantes del mundo aplauden lo que es justicia"** (Isaías 26.9). Muchas personas han creído que por ser esa "parte importante" son privilegiadas ante un Dios de Amor que ha de perdonar todas sus iniquidades, no aprenden la lección que el Señor nos trajo y fue manifestada en Juan 5. 24, 29. Los que han hecho el bien resucitarán para "vida eterna", mas, los que han hecho el mal, para ser juzgados.
Es muy importante conocer que para agradar a Dios debemos llevar una vida transparente, de fe en Él, y servimos al prójimo, proporcionada ser nuestra experiencia en Cristo Jesús, entonces podremos llamarnos **"hijos del Altísimo".**
Pidamos al Señor nos sustente con su palabra y Espíritu Santo. Amén.

Mateo 5.8 Diciembre 5

Leyendo algo ya estudiado sobre el Código Curativo en Medicina Energética, los autores manifiestan: parafraseo: "la memoria celular", es un recuerdo almacenado en cada célula de los organismos vivos, las creencias no ciertas que el rey Salomón mencionó hace miles de años, los asuntos del corazón, los cuales, originan la totalidad de problemas que pueden presentarse en la vida (Drs. Alex Loyd y Ben Johnson. El Código Curativo - Intermedia Publishing Group - www.thehealingcodebook.com - La Biblia de Estudio Nueva Versión Internacional, dice sobre Salomón: El centro del ser humano, que incluye la mente, la voluntad y las emociones (Salmo 4.7). No se refiere al miocardio. Jesús dijo: "Bienaventurados los de limpio corazón, porque ellos verán a Dios" (Mateo 5.8) Dijo el Señor: los que son sinceros, que no abrigan maldad en su actuar para Dios y para el prójimo. Los sanos de corazón. Los que han puesto sus capacidades físicas e intelectuales ante el Señor para que el dirija sus vidas. Los que sus células mantienen abiertas alimentándose de lo que el Espíritu Santo provee, para vivir una vida agradable al Señor. Amén.
Gracias Señor por tus enseñanzas y medicina espiritual.

Mateo 23.11 Diciembre 6

Según el Evangelio del apóstol Juan (capítulo 13) en la última cena con sus discípulos (Santa Cena), Jesús lava sus pies a cada uno en símbolo de humildad (vs. 12 al 15), les hizo una demostración de cómo debían tratarse y aceptarse unos a otros. Parafraseo: "si Yo, el Señor y Maestro lo he hecho, ustedes deben hacer lo mismo. No puede haber distinción entre nosotros. No nos está dado buscar grandezas entre los hombres, nuestra misión es amar al prójimo y servir, para poder hacer discípulos a otros. Sin un testimonio que refleje nuestra santidad y entrega total, no es posible avanzar en los caminos del Señor (Marcos 10.43 - 44). En la carta a los Filipenses (2.3,4) el apóstol Pablo nos da un ejemplo sobre ello; y en la

dirigida a Filemón intercede por Onésimo su esclavo, con el ruego de un trato digno, como si fuera a él. Dios no hace acepción de personas, debemos vivir en humildad sirviéndonos unos a otros sin buscar quien es el mayor. Amén.
Ayúdanos Señor a vivir con la libertad que tú nos diste.

1 Juan 2.6 Diciembre 8

Hemos percibido afirmaciones de quienes aseveran permanecen en Cristo. Este hecho no puede ser una ilusión; no de labios ni de oídos. Permanecer en Él es una responsabilidad muy seria, porque debemos vivir como Él vivió; no físicamente, ello es imposible, pero si espiritualmente. El estilo de vida de jesús fue el de la obediencia a su propia naturaleza, a las cosas de Dios, y el profundo amor al prójimo. Es bueno en diferentes oportunidades hacer un auto análisis de nuestras vidas enmarcado en lo que éramos y lo que hoy somos, apreciar la diferencia, y fundamentalmente lo que nos falta para no sólo saber de Cristo, sino actuar conforme a sus enseñanzas, dejándonos guiar por el Espíritu Santo. Cómo afirmar que permanezco en Cristo, si el "yo" sobresale por encima de todo, si la humildad está ausente, y falta la consagración a la obra del Señor nos opaca, si el amor ha dejado de brillar en mi vida. Grande es el misterio de la piedad (1 Timoteo 3.16), por él podemos permanecer nosotros en Cristo. Amén.
Espíritu Santo, guíanos a permanecer fieles al Señor.

Lucas 6.35 Diciembre 9

Que debamos "amar a nuestros enemigos personales" no quiere decir que debamos hacerlo con los enemigos de Dios, a éstos hay que reprenderlos, ponerlos en su lugar, pero no los odiemos, tratemos de ganarlos para el Evangelio, sólo odiemos el pecado, lo que separa del Señor. El sol sale para todos, llueve sin distinción, mas, **"Jesús dará su gracia"** a quien Él considere que le ha seguido. Recordemos que Dios es amor, pero también fuego consumidor para los impíos y prevaricadores. Con la ayuda del Espíritu Santo, quien se mueve entre nosotros y está puesto como nuestro Consolador, podemos cumplir los mandamientos de Dios. No olvidemos las palabras de Jesús cuando dijo: **"Sed, pues, misericordiosos, como también vuestro Padre es misericordioso"** (Lucas 6.36). Amén.
Oremos por nuestra hermana Annalié, por su salud.
Comparto con todos el regalo de nuestra hermana Annalié Rodríguez Ricardo, en el **Evangelio de Juan 15.8: "En esto es glorificado mi Padre: en que llevéis mucho fruto y seáis así mis discípulos", dijo Jesús.**

Gálatas 6.10 Diciembre 10

De manera general, todos tenemos familias; para nuestras familias deseamos y procuramos lo mejor en todos los sentidos de la vida, mas, no todos somos familias de la única familia de Dios. Nos agrupamos por diversas razones en varias denominaciones, no obstante, somos hermanos, hijos de un mismo Padre, coherederos de un solo caudal hereditario, **"la gracia"** de nuestro Señor Jesucristo para salvación nuestra, para que tengamos vida **"en abundancia".** Si nosotros tenemos nuestra familia carnal, esa cuyos vínculos son consanguíneos, sin importarnos muchas veces su manera y formas de vida, como no atender y amar nuestra familia espiritual, la compuesta por "los hijos de Dios", adoptados por Él.

Debemos, atender la familia terrenal, y gozarnos con los hermanos de la fe, no solo con los que nos rodean, con todos. Cuanta alegría sentimos cuando compartimos y ayudamos a todo hermano **cristocéntrico**, con mucha más atención y tolerancia aún, que al prójimo comúnmente llamado.Amén.

A continuación transcribo el escrito enviado por Alma Torres Gómez de Cádiz, quien recibe y acepta de buena voluntad las reflexiones de nuestra Pastoral:

El dic 11, 2019 1:04 PM, ALMA <atmayoga@nauta.cu> escribió:
Namasté literalmente traducido del sánscrito significa "mi Ser saluda y se pone al servicio de su Ser". **O sea, les saludo y me pongo a su servicio.**

He recibido muy agradecida su invitación. Imagino que este correo les haya llegado por nuestra hermana Juanita, por Liennis o por el hermano Ismael Leiver. No importa, **Dios nos forma y nos une en una Amistad Divina que es un cordón "umbilical espiritual " eterno.**

Debo decirles que pertenezco a una Orden Monástica, la Self Realization Felowship, fundada en USA, 1920 por el Swamiji Gurú Paramahansa Yogananda, el cual trajo al occidente la obra milenaria de sus Gurúes, por lo cual le llaman el Padre del Yoga en el Occidente.
Nuestra Orden Monástica también medita en las palabras de Cristo Jesús, tal como lo hace en las de otros avatares que en su momento histórico llevaron la luz espiritual a la sociedad oscurecida por la Ira, la Pasión, la Avaricia y la Obcecación.

Toda obra que hable de Dios y del Amor es bienvenida por nosotros. No importa la denominación. Las distintas religiones son necesarias pues se adecuan a personalidad, carácter, cultura y condicionamiento espiritual.
En dependencia de la ***Evolución Espiritual*** que el hombre posea, así será la religión que busque.
Como sabe, un **Buscador** se acercará a todas las religiones posibles hasta que logre su Iniciación (bautizo) en la que esté más acorde a su forma de ver a Dios.
El **Conocedor** ya no vaga de un lugar a otro. Conoce que Dios está en todo y en todos. Dios es la gota de agua en la nube y a la vez es la nube. Es la ola del mar y a la vez es el océano. Es la piedra y a la vez es la tierra. Es el árbol y a la vez es animal u hombre.
El **Practicante** es otra cosa, por supuesto, es quién conoce todas las manifestaciones divinas y se conecta con toda divinidad en la naturaleza. Aprende a conectarse con Dios y a llevar su mensaje por toda la tierra.
El **Autorrealizado** es quién ya conectado con Dios, de manera eterna y constante, se vuelve Él de alguna manera.

Juan 8.32 **Diciembre 11**

Jesús dijo: **"Yo soy la luz del mundo..."** (Juan 8.32), la luz de Dios que alumbra para redención, de justicia, de verdad y sabiduría. En Jesús está la vida, Él es la luz de la humanidad, todo el que le acepte y le siga reflejará su luz **para salvación**. Él alumbra el camino hacia la vida verdadera, por cuanto nos guía por sendas de plenitud en busca de "su gracia" para la eternidad. Con su luz somos llenos del Espíritu Santo; somos sus discípulos para proclamar su nombre a toda criatura. (Mateo 5. 14 al 16). Amén.

La luz de Jesús nos guíe a un mundo mejor.

Apocalipsis 7.9 Diciembre 12

El apóstol Juan en su revelación vio una enorme multitud, los que habían salido de la gran tribulación (v.14). los que permanecieron fieles en la tierra y llegaron al cielo; entonces tuvo una visión: todas las generaciones de creyentes en Cristo estaban de pie ante su trono, con vestiduras blancas, y en sus manos llevaban ramas de palmas, cual señal de alegría y de victoria (Juan 12.23), el remanente de todas las naciones que ascendían a Jerusalén (a la nueva Jerusalén) a celebrar junto al Señor la victoria, en la tierra y cielos nuevos, sin más tribulación, apartados de todo mal, en gozo, cuales ovejas rescatadas por **"el Buen Pastor Cristo Jesús".** Amén.
Mantengamos la fe que salva en Jesucristo.

1 Juan 4.19 Diciembre 13

El mensaje de La Cruz del calvario, es el genuino mensaje que pone al descubierto el amor de Dios hacia nosotros. Nadie, nunca, ha manifestado su amor por los demás entregándolo todo, como lo hizo Jesús en cumplimiento de la misión dada por el Padre. Él dijo: "porque de tal manera **amó** Dios al mundo **que ha dado a su Hijo unigénito,** para que todo aquel que en el **"cree"** no se pierda, mas tenga vida eterna" (Juan 3.16). Muchos han llamado a este pasaje bíblico **"el pequeño evangelio";** es ahí donde se manifiesta a cabalidad **"la historia del amor de Dios por la humanidad";** sin nada a cambio. Jesús sufrió horriblemente y fue a la Cruz a entregar su vida **solo por amor** al prójimo, en rescate de la humanidad perdida irremisiblemente para ofrecerle vida, eterna, en abundancia. Esta es la Cartilla para conocer que hizo, que hace, y qué hará Jesucristo por nosotros. **"Para que todo aquel que en el cree"...** En presente, hoy, ahora mismo, no se pierda, para que por su inigualable amor tenga vida eterna. Amén.
A Dios sea la gloria!

Salmo 42.11 Diciembre 14

Abstenerse el ser humano de los estados emocionales que el medio en que se desarrolla proporciona, no es nada fácil; sin embargo, Jesús nos dice: **"Vengan a mi todos ustedes que están cansados y agobiados, y Yo les daré descanso"** (Mateo 28.11). El Señor se está refiriendo al cansancio y agobio que espiritualmente, en ocasiones, nos invade, y nos tiende su mano. Al cansancio que derrumba, no al físico, del cual podemos reponernos con solo descansar. Si tenemos esa posibilidad de acudir a Jesús, y Él nos recibe, entonces: por qué nos inquietamos? Por qué nos angustiamos? Dios es nuestra esperanza. Alabémosle en medio de cada situación. Él es nuestra salvación. Amén.
Fortalece nuestra fe Señor, de manera que seamos fuertes e inamovibles en tu paz.

Santiago 1.2,3 Diciembre 15

Ya en otra oportunidad señalamos la diferencia entre **"prueba" y "pecado".** Lo que Dios permite enfrentar para fortalecimiento espiritual nuestro (prueba), y lo que sale de nuestro interior producto de la tentación que luego deviene en un acto pecaminoso. Dios no tienta a nadie, donde Él está no puede haber pecado, su Santa

naturaleza no lo permite. El pecado produce muerte espiritual, separación de Dios; pero la "prueba" nos hace ser constantes, firmes en la Palabra del Señor, pacientes en la espera del cumplimiento de **"la promesa"** por Él dada: **"vida en abundancia, eterna".** Cuando somos probados conocemos nuestras fortalezas y debilidades, y en estas últimas el Espíritu Santo nos asiste si permanecemos firmes en la fe. Amén.
A Dios sea la gloria!

2 Corintios Diciembre 16

Dios nos dio la oportunidad de reconciliarnos con Él mediante su Hijo. La humanidad se degradó tanto pecando contra Él que ya no era posible su **"salvación",** mas, en su inmensa misericordia, Jesucristo (Dios en carne), vino a padecer, a sufrir por nosotros, a llevar nuestro pecado a la Cruz para que pudiéramos reconciliarnos con Dios, y por su **"gracia",** que no merecemos, ser **"salvos",** obtener la vida eterna. La crucifixión de jesús es nuestra oportunidad de ofrendar nuestras vidas a Dios, de amarnos y considerarnos, gracias al **"ministerio de la reconciliación",** que en su amor el Padre tuvo compasión de nosotros y nos lo otorgó, ahora debemos darlo a conocer al mundo. Amén.
Dios es nuestro amparo y fortaleza.

Juan 1.14 Diciembre 17

Entre los nombres dados al Señor en el Evangelio de Juan aparece: **"el Hijo de Dios, el Cordero de Dios, el Mesías, el Hijo del Hombre, el Verbo, etc.".** Dice el apóstol: **"Y aquel Verbo (hombre) se hizo carne, y habitó entre nosotros y vimos su gloria, gloria como del unigénito del Padre, lleno de gracia y de verdad"** (Juan 1.14).Dios venido al mundo en cuerpo de hombre a través de la Virgen María, con la misión de **redimir.** Rescatar la humanidad envuelta en horrorosos pecados, apartada de Dios, y sin la posibilidad de llegar a Él. Jesucristo (el Verbo), la Palabra, Dios fuerte, Consejero, Admirable, Padre eterno, Príncipe de Paz... (Isaías 9.6,7), entre los hombres dándoles la posibilidad de **"salvación",** de lograr **"la vida eterna",** sin hacer distinciones, curando los enfermos del alma, y dejando sus enseñanzas **"para que todo aquel que el Él CREE,** no se pierda entre los lazos del maligno**".** Amén.
Gracias Señor por tu sacrificio para rescatarnos, guíanos para continuar tu obra.

1 Corintios 15.57 Diciembre 18

Los dos acontecimientos de mayor relevancia en el mundo ha sido el nacimiento del niño Jesús; su crucifixión y resurrección. Vino a hacer por nosotros lo que no podemos por nuestra cuenta: **"libertarnos del pecado y la muerte".** Murió en la Cruz para cargar sobre Él nuestra culpa, limpiar nuestras vidas con su preciosa sangre haciéndonos libres, eliminando con su sacrificio toda contaminación, y los que le sigan sean salvos. Resucitó de entre los muertos y ascendió a la Majestad, fue a preparar morada en el cielo **para todo aquel que en Él CREE,** tenga vida eterna una vez alcanzada la victoria. Amén.
Gracias Señor por tu misericordia.

Mateo 5.16 **Diciembre 19**

El apóstol Santiago es uno de los que hablan certeramente sobre la fe y las obras. En el pasaje de hoy Jesús nos dice: **"hagan brillar su luz delante de todos para que vean las buenas obras que hacen y alaben al Padre que está en los cielos".** Ciertamente lo primero que debe primar es el cultivo de la fe. Sin conocer los principios bíblicos, las enseñanzas de nuestro Señor Jesucristo, y el abundante amor con que entregó su vida para que podamos ser salvos, no podremos abrigar esa fe, mas, una vez arraigados a ella es necesario realicemos buenas obras para que el mundo vea en nosotros un testimonio acorde a la vida cristiana, a sus exigencias, **"señalando así la senda que lleva al trono de la gracia".** Amén.
Solicitamos oración por nuestra hermana Nuris González, hospitalizada.

Mateo 2.10,11 **Diciembre 20**

Guiados por la **"Estrella",** los sabios visitaron al niño Jesús meses después de su nacimiento en la casa de José y María. Le hicieron varios presentes: "incienso, oro, y mirra", tres regalos muy preciados de la época, mas, sin saberlo quizá, daban cumplimiento a la profecía, pues, ellos significaban lo siguiente: **"incienso:** utilizado por el sacerdote para oficiar sus servicios; Jesús venía a ser el sacerdote de Dios que guiaría a su pueblo; **oro:** se le ofrecía a los reyes, Él es el Rey de reyes; **mirra:** yerba aromática que también se utilizaba para la preparación de los cadáveres en su sepultura. Quiere decir que el Sacerdote Universal (Jesucristo), Rey de reyes, moriría por su pueblo para redimirlo". Hoy conocemos la historia, nos impacta **"la Estrella de Belén"** que guió a los sabios del Oriente. Hemos seguido nuestra **"Estrella - Jesucristo"** que nos guía a la eternidad? A Él sea la gloria! Amén.

Isaías 7.14 **Diciembre 21**

Con 700 años de antelación el profeta Isaías anuncia el nacimiento del **Mesías;** en su capitulo 7, verso 14, Dios vuelve a utilizarlo, refiere: **"el Señor mismo les dará una señal: la joven concebirá y dará a luz un hijo, y lo llamará Emanuel".** Por qué Emanuel y no Jesús? Dios ve lo que nosotros no podemos. En sus planes ya Él sabía y tenía previsto que tendría que **"rescatar"** la humanidad perdida, cómo, pues viniendo a ella a curar su espíritu enfermo. Emanuel traducido significa **"Dios con nosotros".** Como su venida al mundo implicó **"nuestra salvación",** entonces el nombre anunciado por el ángel Gabriel para el **"Salvador", fue Jesús: "Dios salva".** He ahí el anuncio a través del profeta Isaías en su capitulo 9: **"Un niño nos ha nacido...Dios fuerte, Padre eterno, Príncipe de paz".** Gracias Señor Jesús por tu presencia entre nosotros, ahora y siempre. Amén

Juan 1.4,5 **Diciembre 22**

El propio Jesús dijo: **"Yo soy el camino, la verdad y la vida..."** (Juan 14.6). **El camino al Padre**, por cuanto seguirle y amarle lleva a la eternidad; **la verdad**, pues, el Padre y Él son uno, su Palabra es la del Padre, es verdad, **y la vida** es un don de Cristo, sólo otorgado por Él, por su gracia. Él es **"la luz"** que ilumina espiritualmente todo ser que le alabe y adore. **"La luz del mundo",** la esperanza de tener **"vida en abundancia".** Si andamos en Él, con Él, y para Él, su luz disipará las tinieblas. Su maravilloso resplandor nos llena de paz, nada podrá separarnos de su amor. Amén.

Lucas 2.14 Diciembre 23

El himno que aparece en el Evangelio de Lucas 2.14 es llamado **"Gloria in excelsis Deo" (Gloria a Dios en las alturas).** El coro de ángeles reconoció la **Gloria y Majestad de Dios.** La paz es prometida a los que agradan a Dios con su espiritualidad y comportamiento. El mundo hoy está necesitado de **"paz",** pero busca la "paz externa", la que pueda producir el hombre, la tranquilidad por el respeto mutuo. Los ángeles anunciaron una paz absoluta, real, imperecedera para la mente y el alma, que solo Jesucristo, **"el Príncipe de paz"** (Isaías 9.6), puede dar. La paz de Dios implica enemistad con lo mal hecho, con lo aborrecible, solo mediante Jesucristo podemos lograrla, por nuestra fe en Él. Amén.

Mateo 1.21 Diciembre 24

Bendita tú entre todas las mujeres, María! Darás a luz un hijo, y le pondrás por nombre Jesús (Dios Salva); Dios fuerte, Padre eterno, lo dilatado de su imperio y la paz no tendrán límites sobre el trono de David, y su reino, disponiéndolo y confirmándolo en juicio y justicia desde ahora y para siempre (Mateo 1.21; Isaías 9.6,7). Os ha nacido un Salvador, el niño Rey! A Él sea toda la Gloria! Nazca en nuestros corazones! Amén. (Les acompaño algunos poemas de mi autoría)
FELIZ NAVIDAD!

noche de alabanzas y adoración

tiempo de Navidad
de celebración
un año más
de la venida al mundo del Señor

tiempo de consagración
de amor al Niño de Belén
al camino de la redención
al unigénito Hijo de Dios

noche de paz
noche de adoración

un devocional dedicado al Rey
una cena haremos en su honor

celebramos el nacimiento del
Salvador
de Aquel que en el Espíritu Santo
junto a nosotros está hoy

noche de paz
noche de amor
noche de alabanzas al Niño Dios

mañana buena

hoy es mañana buena   acompáñame
en los cielos y la tierra hay concierto universal
vamos a gozarnos junto al niño de Belén
que ha nacido ya

toma el hacha y tu morral
un arbolito le queremos dedicar
música navideña villancicos y una gran cena
ofreceremos en su nombre a la humanidad

¡ah!   pero no le dejes fuera
es su cumpleaños
abre la puerta de tu corazón déjale entrar
es astro luminoso   señal de felicidad

¿sabes?
a veces ha llegado a nuestro portal
con calzones rotos descalzo y el cabello sin cortar
y no le damos su aguinaldo...
¿has pensado cuántas veces le hemos negado
la Navidad?
mas no te culpes
no me culpes
vamos de nuevo a comenzar
a celebrar con más amor junto al niño Rey
el concierto universal

su magnificencia

su voz
como ruido del trueno desde
los cielos
hace sentir su presencia

su mirada
cual carbones encendidos
penetran la distancia

de su boca
lenguas de fuego abrasador
consume la impiedad

apartó la cortina de la bóveda
celeste
el Altísimo

cabalgó sobre las crines del
viento
visitó la tierra
al nacer su Hijo amado

redención esparció en todos
los pueblos
que guardan sus caminos
y decretos

gloria al Dios de todos los tiempos

una señal

desde el lejano oriente
aquellos magos
venían buscando una señal
la estrella que les guiara
al nacimiento del Niño Rey
en Belén de Judea

allí estaba Êl
no en una cuna cual nacido
en su tiempo
en su caso no hubo ley
ni reconocimiento social
acostado en un pesebre
entre María su madre y José
rodeado de pasto y animales también

adoraron los tres magos
a quien con su presencia cambiaría
el curso de la sociedad

oro incienso y mirra
de sus alforjas le pudieron dar
el regalo para un rey
para oficiar el sacerdocio y
yerbas aromáticas para su cuerpo
en la sepultura preparar

habiéndolo dicho en la antigüedad
valiéndose de ellos
Dios Padre ratificó la misión
encomendada a su Hijo
el Salvador

sellado quedó el pacto

para redención de la humanidad
y en gloria a la vida volver

Virgen María

Dios La Majestad
desde lo alto
humano quiso ser.
mas cómo realizar su deseo
para que el mundo
pudiera comprender
misión seria
la del ángel Gabriel
llegar a la mujer virgen
joven,
que cumpliera lo requerido
para de su vientre nacer
ella con regocijo
y reverencia
aceptó el designio de Dios
Jesús, fue el nuevo ser
que de la Virgen María nació
¡Hijo de Dios!
ella convertida en Madre
por amor
por amor al Padre al Hijo,
y al mundo que le necesitó;
por El, que también sufrió,
en su martirio
y la Cruz.
su corazón traspasado fue
por amo

también fui yo

detrás de los magos
que adorar fueron
al Niño de Belén
también fui yo

sin una estrella
que alumbrara el camino
ni coros de ángeles que entonaran
una canción celestial
descalzo
con los pies heridos
sangrando por escabrosas sendas
un día encontré la piedra angular

en mi corazón la acomodé
de manera tal
que edificar el alma me permitió
sobre cimientos sólidos de amor

Lucas 2.11 Diciembre 25

El tiempo es de Jesús. El tiempo, algunos le llaman el dios cronos, ellos cambian la verdad porque Dios es quien controla al tiempo y no el tiempo a Dios. Es que vivimos el tiempo muy deprisa y muchos no tienen ese tiempo para Dios. Prácticamente se termina el año y con él diciembre se va otra Navidad. La premura del tiempo no muchas veces nos permita soñar y que tal si dedicamos un tiempo, miren que se va la Navidad. Este es el único tiempo del año que tenemos para cuidar simbólicamente de Jesús, para apapucharlo, para cuidarlo como niño que ahora es pero sólo hasta el 6 de enero. El tiempo pasa y dejamos de soñar. Este es el único momento que simbólicamente podemos ser nosotros los que le brindemos toda nuestra atención y protección. El tiempo se va volando y sin darnos cuenta ese niño de momento cuida de ti. Es tiempo de ayudarle a cargar otras cruces como lo hiciera Simón de Cirene. El tiempo corre, hoy es el día de recibir a Cristo en esta Navidad. Comprométete a cuidar a uno de esos pequeñitos. Amén.
Pastor Yerandi Ricardo Reyes, Iglesia de Los Amigos (Cuáqueros) de Puerto Padre. Las Tunas. Cuba

Quiero regalarte una navidad
Flor Teresa

Siento diciembre apacible
Cargado de recuerdos
Tristeza, amor, ternura
Pero como siempre...
Es el mes que incita a pensar

Quiero darte un regalo especial
Y no incluye frutas secas
Llamativas luces
Alegrías en ocasiones fingidas
Adornos copiados
Derroche

Derrama amor en abundancia
Paz vida
Consciente que Él lo hizo por nosotros

Ese es mi regalo...
Celebremos junto el nacimiento de
Jesús,
Haciéndolo renacer en nuestros
corazones
Amén

Salmo 8.34 **Diciembre 26**

Tal es la grandeza y majestuosidad de la obra de Dios que refleja su amor por la raza humana, lo que Él ha hecho por los seres creados con sus manos, independientemente de su efímera condición terrenal que puede hacerla eterna en los cielos, en espera de la promesa, si le acepta mediante su Hijo Jesucristo, por quien fueron hechas todas las cosas, de manera que Dios se ocupa del hombre estableciendo su dignidad y valor, cual ser humano (Salmo 19.1 al 3). A Dios sea la Gloria! Amén.

Colosenses 1.16 **Diciembre 27**

El propio Jesús dijo: (parafraseo) "todo lo del Padre es mío, lo mío es del Padre, porque el Padre y Yo somos uno". El pasaje de hoy nos hace reflexionar al respecto: "...por medio de Él (Jesucristo), fueron creadas todas las cosas, refiriéndose a la Creación de Dios; las cosas visibles e invisibles, tronos, poderes, principados o autoridades: todo fue creado para Él. El apóstol Pablo resalta que Cristo es Supremo, por encima de todo. En el principio era Él, estaba con Dios, y Él era Dios (Juan 1.1). Jesús dijo: **"De cierto, de cierto os digo: Antes que Abraham fuera Yo soy"** (Juan 8.58). Pero sabemos que el Hijo de Dios ha venido y nos ha dado entendimiento para conocer al que es verdadero, a su Hijo Jesucristo. Este es el verdadero Dios y la vida eterna (1 Juan 5.20). Dios es Espíritu. Ese Espíritu vino sobre la Virgen María, encarnado estuvo entre nosotros (Jesús), y vimos su gloria, y resucitado de entre los muertos volvió al cielo, a la Majestad de donde vino; Él enseñó que guardáramos lo que nos ha mandado, y dijo: **"Y yo estoy con ustedes todos los días, hasta el fin del mundo"** (Mateo 28.20). Toda la gloria es para Él. Vivamos en Él, y para Él. Amén.

Mateo 4.4 **Diciembre 28**

"No sólo de pan vive el hombre...", dice el pasaje bíblico de hoy. Muchas son las necesidades materiales de los seres humanos llevándolos a que constantemente busquen soluciones para resolverlas, pues, muchos no se fijan en las espirituales que determinan la vida. Cuando Dios le dio el maná y las codornices a los israelitas en el desierto, lo hizo sin ningún esfuerzo, también el agua en la peña de Horeb. Él puede resolver cualquier cosa material y espiritual, mas, hay que rendirse a Él, no confiar en lo que podamos hacer nosotros solamente, sino, en Su poder. Jesús, siendo poderoso en palabra y acción, confió siempre en el poder del padre, a Él se encomendó en todo momento. Tenemos que aprender a vivir como Él respondió a Satanás en su tiempo de tentación: **"...de toda palabra que sale de la boca de Dios".** Encomendarnos a Él en todo tiempo y lugar, y "Él hará". Amén.

Juan 1.12 **Diciembre 29**

"Mas a cuantos le recibieron...", está diciendo el apóstol Juan (Juan 1.12); cuantos **"creen"** en Jesucristo. Él **"les dio el derecho".** Qué gran derecho sin igual! El de ser "hijos de Dios". Ser de su familia, pero no por algún mérito, para nada, sino por Su gracia; ese don que sólo el posee para darlo a quienes les aman. El Señor nos está ofreciendo su gracia, presto a adoptarnos como "hijos", no hay otro parentesco en su gran familia; claro hay un requisito: recibirle plenamente, creer en Él por encima de todo, amarle sin condición alguna. Para Él toda la gloria! Amén. Ariel G. Texto básico: Juan 1.12

2 Corintios 2.17 Diciembre 30 y 31

Siempre que hayamos entregado nuestras vidas al Señor, con fe, amor, en obediencia, seremos **"una nueva creatura". Hemos sido renovados en el sacrificio de la Cruz del Calvario;** no se hable entonces más de la vieja naturaleza que muchos acostumbran para justificar las imperfecciones. Busquemos llegar a la meta que Él nos trazó, andemos **"de victoria en victoria", "de gloria en gloria", para glorificar a Dios.** Cada vez más alto, en una **"nueva dimensión".** Consagrados al Señor Jesucristo, todas las cosas son restauradas (Efesios 2.10). Concluimos nuestras reflexiones para el 2019; nos espera un nuevo y extenso camino en el 2020, conforme a la voluntad de Dios. Vivamos para Él. A Él sea toda la gloria! Amén.

Mañana día 31, muchas familias se reúnen, a todas les deseamos ricas bendiciones, paz y salud, en el nombre de Jesucristo, especialmente a todos los hermanos y hermanas de nuestra "gran familia de Dios", sin excepción alguna.
Dijo Jesús: **"Estén siempre vigilantes, y oren para que puedan escapar de todo lo que está por suceder, y presentarse delante del "Hijo del Hombre" (Jesucristo),** Lucas 21.36.

Oremos al Señor para que las familias se acerquen más a Dios, instruyan a sus hijos en sus caminos, y haya unión. Amén. Ariel G.
FELICIDADES!

Él está ahí
de ariel g...

cuentan los cielos la gloria
y obra de Dios
glorifican su nombre
el firmamento refleja el quehacer
de sus manos

maravilloso mundo
grande en demasía para nosotros
pequeño para quienes no están
conformes
con lo que el Creador nos entrega
mas Él día a día nos satisface

fuimos creados para la eternidad
por eso
la ausencia nos daña
hemos de valorar entonces
que viviendo para Dios

la separación es temporal y
la vida abundante

el tiempo no es nuestro
sino de Aquel que lo creó todo
las cosas temporales no satisfacen
el espíritu permanece vacío
si no encuentra el reino de Dios

quizás muchos no comprendan
los designios del Señor
tengan una sensación frustrada
pero Él siempre está ahí
con los brazos abiertos
y su tierna mirada

dic. 31/ 2019

Texto básico: Eclesiastés 3.11

FELIZ FIN DE AÑO Y PRÒSPERO AÑO NUEVO!
Que la bendición del Señor sobreabunde en cada familia. Shalom.

Algunas opiniones sobre las reflexiones recibidas y la obra de La Pastoral de acompañamiento espiritual.

Querido hermano gracias por su gesto de tenerme presente... Yo soy de la iglesia Pentecostal Asambleas de Dios que se encitres en la localidad de Matamoros. Las reflexiones creo que no alcanzan las palabras para expresar todo lo que ellas significan para mi, siempre es una invitación a reforzar nuestra fe, reafirmarnos las promesas de Dios en nuestra vida y nuevos aprendizajes para mi. Dios bendiga ricamente su ministerio.

Annalié Rodríguez Ricardo

Gracias por mantenerme al día con el aprendizaje de textos bíblicos y reflexiones adecuadas para nuestros tiempos. Saludos

Manuel Jesús

Excelente. Amén. Rolando Mora González.

Buenos días.
Hermanos Flor y Ariel, les felicitamos por la hermosa labor en este año en la Pastoral de Acompañamiento Espiritual.
Por lo que le deseamos que en el nuevo proyecto tengan el mismo éxito y aceptación.
Gracias pues cristianos como ustedes son los que necesita nuestro Seños para trabajar en su reino y para su reino.
A la vez le deseamos un Prospero y bendecido Año 2020, para ustedes, sus familias y amistades.
Dios les bendiga.
Hermana: Juanita Mora.

Amado hermano bendiciones. Leí la pastoral, estoy 100% de acuerdo con lo que han decidido, aprecio grandemente este trabajo de guianza espiritual. Pienso que como será más espaciado, va a pasar que el pasto será más abundante porque la yerbita crece más dejando un día por el medio. Estoy tan inmersa en el asunto Reyes y Navidad, con las ovejas, que la metáfora del pasto me llega reiteradamente. Es decir vas a tener más tiempo, más información, más anécdotas, en fin será una mesa buffet entre días. Dios continúe guiando tu vida y este fin de año y año nuevo, tus neuronas todas sean bautizadas en fuego para que esparzas esa llama del Señor que hace arder los tizones. Shalom.

Bendiciones amado hermano. Muy bello el poema, realmente solo Dios puede derramar su bálsamo sobre nuestras vidas y bendecirnos con su paz.
Mis mejores deseos para ti y los tuyos.
Shalom.

Bendiciones amado. Gracias por tu hermandad, amistad, guianza y todo lo que Dios también pone en tu vida para compartir con los que te rodean. Shalom.

Damaris Marrero Pupo

Realmente ha sido un exquisito trabajo el que has realizado con relación a la fe. Me ha gustado y pienso que a muchos también.
Muy oportuna y bella reflexión con la felicitación y llamado a la familia cubana. Muy lindo y sensible.

Flor Teresa Rodríguez Peña

Datos del autor **Email: arielbatista@infomed.sld.cu** **cadmiel48nauta.cu**

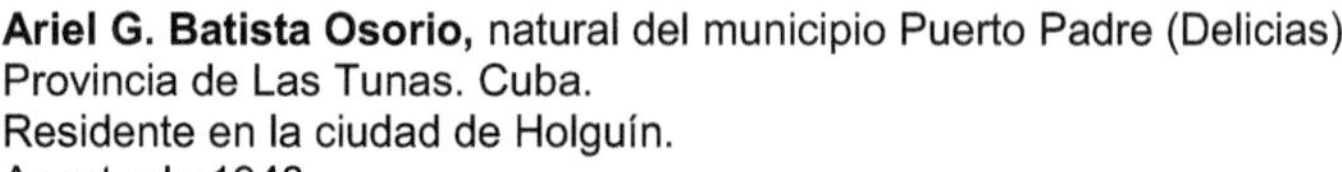

Ariel G. Batista Osorio, natural del municipio Puerto Padre (Delicias). Provincia de Las Tunas. Cuba.
Residente en la ciudad de Holguín.
Agosto de 1948.
Licenciado en Derecho. Graduado del Curso Bíblico – Teológico del Seminario Evangélico de Matanzas. Cuba. Vicepresidente de La Cruz Roja en la provincia de Holguín. Miembro de La Unión Nacional de Juristas de Cuba; de La Sociedad Cultural José Martí; de Los Amigos (Cuáqueros); fundador – presidente del Club de La Poesía El Convivio, Cuba – Italia, en Holguín; del Club de la Emisora Radio Reloj; del Movimiento de Poetas del Mundo, y poeta consagrado de La Asociación Internacional de Poetas del Mundo en Isla Negra, Chile; con creaciones poéticas, y narrativas en La Asociación Internacional de Poetas del Mundo en Isla Negra; Nostre Club en Barcelona, España; Academia Internacional de Poesía, Arte y Cultura El Convivio de Italia; Asociación Cajamarca, Identidad y Cultura, de Cajamarca, Perú; Revista The Ambassador de La Alianza Literaria Canadá – Cuba; y Revista Mis Escritos, AMAUTA de Argentina. Con obras publicadas por la Editora Académica Española JustFiction! Edition, Riga, Letonia. Fundador – presidente del Ministerio Arte Cristiano "Camino de Belén", y fundador de la "Pastoral de acompañamiento espiritual" – interdenominacional -, auspiciado por La Obra de Los Amigos (Cuáqueros) en Vista Alegre. Holguín.
Premiado en diversas ocasiones en narrativa y poesía cristiana en la Obra de Los Amigos; Biblioteca Provincial Alex Urquiola Marrero; Casa de La Cultura Municipal "Manuel Dositeo Aguilera", ambas de Holguín; así como obtuvo el Primo Premio Assoluto en Selección de Poesías en Italia – 2016; Diplomas de Honor en Isla Negra, Chile, y Cajamarca, Perú, en numerosas convocatorias; y Pergaminos de Honor en Cajamarca, Perú, en varias ocasiones, en los géneros de narrativa y poesía.

Índice por páginas y referencias bíblicas

Bibliografía utilizada en consulta:

- Biblia Reina Valera Contemporánea. Edición de Estudio. Impresión 2017.
- Biblia Nueva Versión Internacional. Edición de Estudio. 1999.
- Biblia Reina Valera. Revisión 1995.
- Escritos y poemas no del autor, aportados por los colaboradores que aparecen relacionados.

Texto bíblico: tomado de la Santa Biblia Nueva versión Internacional publicada en 1999 por la Sociedad Bíblica Internacional.
Biblia Reina Valera. Revisión 1995.

Imagen de la portada y contraportada:

- Portada: Loma de La Cruz en la Ciudad de Holguín - Cuba. Tomada de la EcuRed (Enciclopedia cubana).
- Cruz resplandeciente y símbolo de la Capellanía de la contraportada - Imágenes tomadas de la misma fuente.

Pastoral de acompañamiento espiritual
- Interdenominacional -
"La gloria sea de Dios"
Auspiciada por Los Amigos Cuáqueros
Vista Alegre - Holguín
Cuba.

"Regocijo de Bendición"

Regocijo es el sentir
la bendición del Señor
porque nos llena de amor
alejado del sufrir.
Maravilloso es vivir
con esa real protección
donde los caminos son
paraísos de placer
haciéndonos renacer
bondad en el corazón.

Es la fe, la que nos llena
lejos de calamidades
exentos de enfermedades
con la vida más amena.
La felicidad no es plena
siempre existe una encomienda
pero que Dios nos reprenda
de todo juicio maligno
para convertirnos digno
de lo que el Señor ofrenda.

De Justo A. Pérez Betancourt

E- mail: cadmiel48nauta.cu - florteresa64@nauta.cu

La presente obra ha sido elaborada para el trabajo de evangelización llevado a cabo por "La Pastoral de acompañamiento espiritual", con carácter interdenominacional, con el objetivo de hacer llegar a cada persona que la reciba una reflexión sobre la palabra de Dios, alimento de amplio nutriente para el espíritu.

Printed by Books on Demand GmbH, Norderstedt / Germany